JN074246

詳解

ポイント
サービスの
消費税

真鍋・日隈法律事務所
弁護士・税理士　　　　　弁護士
真鍋亮平・日隈将人［著］

中央経済社

はしがき

　ポイントサービスは我々の日常生活のあらゆるところで展開されており，極めて身近なものとなっている。また，ポイントや電子マネーなど，広い意味でのキャッシュレス決済の市場は今後ますます拡大していくと予測される。

　その一方で，ポイントサービスの税務処理について明快な結論があるとは言い難い状況である。特に，消費税の処理は，共通ポイントサービスについて国税庁が一定の処理例を公表したものの，未だ不明瞭な部分が少なくない。

　このことは，ポイントサービスが多種多様である以上は当然のこととも言えるが，不明瞭な部分が解消されていない背景には，消費税法における根本的な問題点があるように思われるのである。すなわち，消費税法は「対価」を得て行われる取引のみを課税対象とするが，消費税法上の「対価」の意義及びその判断基準が明確でなく（統一的な見解がなく），その不明確さがポイントサービスの課税関係の不明確さにそのまま反映されている。

　本書は，そのような問題意識の下に執筆したものである。したがって，単に通達やタックスアンサー，裁判例の内容を紹介するだけにとどめず，学説や考えうる見解についても一定の検証を行っている。また，論点によっては積極的に筆者の見解を記載している。これはあえて筆者の見解を提示することにより，さらに議論が深まればという希望ゆえであるから，検討不足の点については大いにご批判いただければ幸いである。

　本書は全7章構成である。第1章でポイントサービスの類型について，第2章でポイントサービスの法律関係について簡潔にまとめた。

　第3章では，ポイントサービスの課税関係を検討する前提として消費税の課税要件論について触れ，特に対価性要件の意義と判断基準論について検証した。

　第4章では，ポイントサービスと消費税総論として，ポイント付与の場面・ポイント使用の場面それぞれの課税関係を検討した。特に，商品等の購入時に使用できるポイントを「対価形成型」，「対価値引型」，「決済型」に類型化して分析したところに特色がある。

　第5章及び第6章では，自社完結型・共通ポイントサービスの課税関係を検討しているが，特に第6章は，国税庁が公表した処理例や裁判例にも触れて分析して筆者の見解を提示したもので，本書のメインとなる章である。

　第7章では，ポイント交換の課税関係について，ポイント交換事件控訴審判決（大阪高判令和3年9月29日）の内容に踏み込んで検討をした。

　そして，各章には「*Study*」として，より発展的な議論や，これまでほとんど詳細に触れられてこなかった論点等を紹介，検討したものがある。読み物としてのメリハリをつけるために本文とは別に項を設けているが，内容としては重要な事項であると考えるので，是非ご一読いただきたい。

　なお，ポイントそれ自体の規制法や資金決済法等に関する議論は，ポイントサービスの消費税をテーマとする本書の役割ではないため，消費税の課税関係の説明に必要な範囲でのみ触れるにとどめた。

　本書を執筆するにあたっては，世の中で実際に普及しているポイントサービスを前提とした内容となるよう配慮したものの，ポイントサービス自体は発展途上であり，その種類も多様化していくことが予想されるし，ポイントは決済手段として電子マネーに近接していくことも考えられるため，本書の内容が近い将来には妥当しなくなることも考えられる。さらに，筆者の力量不足ゆえに，特殊なポイントサービス，例えば，地方公共団体が主宰するポイントサービスや国内外にわたって展開されているポイントサービス等までフォローができていない。これらは筆者の課題として今後も勉強を継続したいと思う。

　いずれにしても，本書を執筆できたことは筆者にとって望外の喜びであり，執筆にご協力いただいた中央経済社その他の皆様に深く御礼を申し上げたい。

　最後に，筆者が本書を執筆できたのは，筆者が弁護士として税務分野を取り扱うきっかけを与えてくださった故中野巖章税理士（令和4年5月ご逝去）のご指導，ご厚情あってこそである。この場を借りて改めて心からの感謝と追悼の意を表します。

　2024年5月

筆者代表　真鍋亮平

目　次

第3章　消費税の課税要件論 45

8

第5章　自社完結型ポイントサービスの課税関係　　135

第**6**章　共通ポイントサービスの課税関係　　149

第7章 ポイント交換の課税関係

凡　例

消法……………消費税法
消令……………消費税法施行令
消基通…………消費税法基本通達

本書は，令和6年4月1日現在の法令，通達によっています。

序　章

1　拡大するポイントサービス市場

　株式会社野村総合研究所の調査[1]によると，国内11業界の主要企業が1年間に発行するポイント・マイレージの発行量を金額換算した「年間最少発行額」（以下「発行額」という。）のうち，2021年度の民間部門における発行額（以下「民間発行額」という。）は，2020年度の1兆399億円から約4％増加し，1兆834億円と推計されている。また，キャッシュレス決済やECプラットフォーマーにおける発行額の継続的な拡大が今後も想定されることから，2022年度以降の予測値は，民間発行額は増加を続け，2026年度には1兆2,000億円を突破する見込みだということである。

　ポイントサービスを導入する企業が増え，又はポイントサービス網に加盟する企業が増えることは，競合他社がポイントサービスを導入したり，加盟店となったりするインセンティブとなると考えられる。我々が商品やサービスを購入する場面において，ポイント付与はもはや当たり前となっており[2]，ポイントサービス市場は当面の間，拡大していくと想像できる。

2　一致を見ない税務上の取扱い

　その一方で，ポイントサービスの税務については，各種雑誌記事，書籍等で一定の見解が示されてきたものの，特に消費税については，ポイントサービスが比較的新しい取引形態であり，その内容も各事業者によって様々で個別性が強いという面もあってか，結論の一致が見られず，そもそも議論の出発点から

1　株式会社野村総合研究所ニュースリリース「民間企業によるポイント・マイレージ年間最少発行額は2026年には1.2兆円を突破すると予測」（2022年11月2日）（https://www.nri.com/jp/news/newsrelease/lst/2022/cc/1102_1最終閲覧2024年3月25日）。
2　塚原康博「ポイントサービスにおける業界別の付与率の差に関する研究」明治大学社会科学研究所紀要60巻2号（2022）291頁は，「現在では，商品やサービスのほとんどの購入においてポイントの付与があるといってよいだろう」と指摘する。

見直す必要があるのではないかとも思われる状況であった。

　もっとも，そのような状況の中で，令和2年1月14日に国税庁が「共通ポイント制度を利用する事業者（加盟店A）及びポイント会員の一般的な処理例」を公表した（以下「処理例」ということがある。）。これは，そのタイトルのとおり，共通ポイントサービスにおけるポイント運営会社，加盟店，会員の会計処理と消費税の取扱いを示したものである[3]。

　共通ポイントサービスの消費税の取扱いに関する国の見解を窺い知ることができるようになったことは大きな前進であり，一定の道筋が示されたことにより実務的な悩みが一定程度解消されたことも事実であろう。

　しかしながら，この処理例はあくまでも一般論だと理解すべきであるし，「ポイント交換」という場面には一切触れられていないため，ポイント交換を含むポイントサービス全体の消費税の取扱いに関しては，検討すべき論点が残されたままである。

　なお，この処理例の公表後に，ポイントサービス運営会社間で行われるポイント交換が消費税の課税対象か，言い換えれば，交換元運営会社から交換先運営会社へ支払われるポイント相当額（ポイント原資）が消費税法2条1項8号の「対価」に当たるかが争われた事件（大阪高判令和3年9月29日[4]）において，この金員は同号の「対価」に当たらないとの結論が示されており（ただし，事例判断である。），同判決の評価を含め検討すべき課題が依然として少なくない（同判決については，第7章Ⅱ4(2)②を参照）。

3　本書の趣旨

　そこで本書では，これまでの議論を整理しつつ，過去の裁決，裁判例などを参照しながら，ポイントサービスの消費税の取扱いについて一定の見解を提示することを目的としたい。

3　「B社が運営する共通ポイント制度は，会員が加盟店で100円（税込）の商品を購入するごとに1ポイントが付与。加盟店はポイント付与分の金銭をB社に支払う。」，「1ポイントは1円相当で，加盟店の商品の購入に使用できる。ポイント使用分にはポイントが付与されない。加盟店はポイント使用分の金銭をB社から受領する。」という取引を想定したものである。
4　税資271号順号13609。筆者が訴訟代理人として関与した事件である。

第 1 章

ポイントサービスと
その類型

Ⅰ　ポイントサービスとは

　ポイントサービスとは，商品やサービスを提供する事業者が，消費者の支払った対価等に応じて「ポイント」を付与し，購入者が当該ポイントを使用すると，景品等との交換や商品やサービスの購入時に購入代金の値下げあるいは決済手段等としての便益を受けられるサービスである[1]。

　ポイントサービスは，主として顧客の囲い込みを目的としたサービスプログラムの一つであり，歴史的には紙媒体のスタンプカードの形で利用されてきたといわれているが[2]，現在では，情報技術の発達により，電子的に管理運営されていることが多い。

　ポイントは，ポイントサービスを受けられる地位を表章する管理符号であり，必ずしも「ポイント」と称する必要はない（例えばスタンプ等）。ポイントサービスの機能・性質を持つ符号であれば，本書でいう「ポイント」に該当する。

　最近では，ポイントサービスは社会的に広く浸透しており，多くの事業者がポイントサービスを導入している。しかし，現在のところ，ポイントサービスを直接規律する法律はなく，その法律関係をどう考えるか，そしてその法律関係に基づいて課税関係をどのように考えるかは，なお議論のあるところである。

　もっとも，現在広く見られるポイントサービスは，ある程度共通の性質や仕組みを観念することができる。本書で取り扱うポイントサービスは，一般にイメージされるポイントサービス，すなわち，顧客がポイントサービスの会員になり，商品やサービスを購入すると一定数のポイントが付与され，ポイントが貯まると景品等と交換できたり，次回以降の商品等の購入の際に値引きや支払いに使用できたりするようなサービスを想定している。

　なお，現在のポイントサービスにおけるポイントは，金銭等で購入すること

1　公正取引委員会「共通ポイントサービスに関する取引実態調査報告書」（令和2年6月）1頁参照。
2　経済産業省「企業ポイントの法的性質と消費者保護のあり方に関する研究会報告書」（平成21年1月）4頁。

はできないものがほとんどである。ポイントが直接金銭等で購入できる場合，前払式支払手段（いわゆる電子マネー）として資金決済法が適用される可能性がある。その場合，当事者の法律関係や消費税の課否判断の考え方が異なってくるため，本書では基本的に金銭等で購入できないポイントサービスを取り扱うこととし，金銭等で購入できるポイントについては，必要な範囲で触れるにとどめる。

Ⅱ　ポイントサービスの基本

　ポイントサービスについて検討するにあたっては，次のような性質を前提として理解しておくことが重要である。

①　自由に設計できる

　ポイントサービスは，会員規約[3]等によって自由に設計できる。そのため，「ポイントサービスである」ということから必然的にその内容が決定されるものではない。

　したがって，ポイントサービスという一事から直ちに特定の法律関係や課税関係を導くことはできず，具体的なポイントサービスにおける法律関係や課税関係は，当該ポイントサービスの具体的な内容や設計から個別に判断されるものである。この点は，意外と見落とされているように思われる。

②　契約関係である

　ポイントサービスは，ポイントサービスを主宰する事業者（以下「運営会社」という。）の会員規約等に消費者が同意して会員となることで当事者の関係が構築される。つまり，ポイントサービスは，通常の契約と同様に，当事者

3　ポイントサービスによっては，運営会社と会員との規約が「利用規約」や「ポイント規約」等と呼ばれることもあり，共通ポイントサービスでは運営会社と加盟店との規約が「加盟店規約」，「パートナー規約」等と呼ばれることもある。本書では，特に断らない限り，運営会社と会員・加盟店とのポイントサービスに係る約定を「会員規約」及び「加盟店規約」と呼ぶ。

の合意に基づく法律関係である。

　もちろん，一般的なポイントサービスは，相対取引のように契約内容を当事者で協議して個別に決定するのではなく，運営会社の用意した会員規約等に消費者（加盟店）が同意するかしないかという，ある意味一方通行の関係である。しかし，そうだとしても，当事者の意思の合致によって一定の法律関係が発生し，拘束されるものであるという性質は，通常の契約関係と異なるところはない（なお，運営会社と加盟店との契約においては，ビジネスの実情を踏まえて別途特約が締結されることもありうる。）。

　したがって，ポイントサービスの内容を解釈する（それがどういう性質のポイントサービスであるかを判断する）ためには，会員規約等の文言や当事者の認識を踏まえることになる。

③　直接規律する法律はない

　例えば，電子マネーには資金決済法という規制法があり，電子マネーの法的性質や当事者の関係について検討する場合は，同法の議論が参考になる。しかし，ポイントサービスを直接規律する法律は，現在のところ存在しない。

　それはつまり，ポイントサービスやポイントの法的な性質は，解釈に委ねられているということである。例えば，ポイントの資産性や権利性を論じる場合，ポイントという符号それ自体をもって直ちに資産性や権利性を導くことはできないし，電子マネーや金券・商品券と直ちに同視することもできないということである。

　結局，ポイントの資産性や権利性，ポイントサービスから生じる当事者の法律関係等は，そのポイントサービスがどういう設計となっているか次第ということになる。

　このように，現在広く普及しているポイントサービスの法的性質は，社会一般がイメージしているほど明確なものではない。そのため，ポイントサービスの法律関係や課税関係を検討する上では，それが具体的にどのようなサービスなのかを，問題となる当該サービスごとに個別に分析しなければならない。

　もちろん，現在普及している各ポイントサービスは，ある程度共通の性質や仕組みが観察できるため，それらに共通する一般的なロジックを考えることは可能である。しかし，最終的には，当該ポイントサービスの課税関係の判断には，個別具体性が伴うということには留意する必要がある。

Ⅲ　ポイントサービスのプロセス

　現在の一般的なポイントサービスは，概ね次のようなプロセスを経て展開される。

①　ポイントサービスの設計

　運営会社が，会員規約等でポイントサービスの具体的内容を定める。

②　ポイントサービスへの加入

　ポイントサービスは，会員規約等に基づいて展開されることから，消費者がポイントサービスを受けるためには，その会員規約等に服することについて同意が必要である。会員規約等に同意し，ポイントサービスを受けうる地位を，一般的には「会員」という。ポイントサービスの提供を受けようとする消費者は，運営会社の会員規約等に同意してポイントサービスの会員となる。会員には，運営会社から会員証やIDが発行され，ポイント管理の対象となる。

③　ポイントの付与

　会員が運営会社の定める条件を満たすと，運営会社からポイントが付与される。例えば，商品を購入した場合に購入額に応じてポイントを付与するものとしたり，アンケートへの回答や他のサービス等への加入をした場合にポイントを贈呈したりすることもある。

④　ポイントの保有

　会員に付与されたポイントは，運営会社が定める有効期間内においては，会

員が継続して保有する（貯める）ことができる。特典を受けられるポイント数が貯まった場合，運営会社が定める条件に従って自動的に特典に変換されるポイントサービスもあるが，ポイントを使用するかどうかは会員の意思にかかっていることが多い。

⑤　ポイントの使用

　会員は，貯めたポイントを運営会社の定める条件に従って使用することで，ポイントサービスに係る特典を受けることができる[4]。この特典は，運営会社が自由に設計できるが，現在一般的なものとしては，景品との交換，商品購入時の値下げや支払代金への充当，他社のポイントへの交換等がある。

⑥　ポイントの消滅

　会員が貯めたポイントは，使用された場合のほか，運営会社が定める消滅条件や有効期限の経過（例えば，一定期間付与や使用がされない場合等）により消滅する。また，会員がポイントサービスを退会したり，運営会社がポイントサービスを廃止したりした場合もポイントは消滅する。

⑦　ポイントサービスの退会・終了

　一般的には，会員は自由にポイントサービスを退会できる。また，会員規約上，運営会社は経営状況の変化等に基づきポイントサービスを変更したり，終了させたりすることができると定められていることが多い。

　ポイントサービスは多種多様であるが，現在存在する一般的なポイントサービスは，概ねこのようなプロセスによって展開されているといえる。もっとも，ポイントサービスは自由に設計が可能であるため，必ずしも常に上記のようなプロセスを経るとは限らない。そのため，具体的事案においてポイントサービスを取り扱う場合は，当該ポイントサービスの具体的な仕組みやシステムを個別に分析することが必要である。

Study　　　　「ポイント還元」という用語

　ポイントサービスにおいて，「ポイント還元」は耳なじみのある言葉であるが，その意味するところが論者によって異なる場合があるので注意が必要である。

　まず，「ポイント還元」が，商品等の購入時に，後日同じ店で買い物をするときに使用できるポイントを付与することで，実質的に当該商品等の値引きと同じ効果をもたらす，という意味で使われることがある。例えば，購入（利用）金額100円当たり1円相当として利用できるポイントが付与される場合，「還元率が1％」などというような場合である。

　これは，「還元」という言葉ではあるが，実際は一定の商品を購入した際の「ポイントの付与」を意味しているものにすぎない。「ポイント還元率」という場合は，通常，店舗での買い物代金額やクレジットカード利用金額に対して，何円相当のポイントが付与されるのかを示した数値のことを意味する。

　これに対し，ポイントが使用された場合において会員が受ける便益やサービスを指して「還元」と呼ぶ場合がある[5]。ここでいう「還元」とは，ポイントを通じて利益を返すというような意味であろう。

　両者の差は，ポイントとして会員に「還元」される経済的利益を，ポイント付与時で認識するか，ポイント使用時に認識するのかという点にある。ポイント付与の時点で実質的に将来（景品交換や値引き等を通じて）受け

4　一部のポイントサービスでは，例えば，所定のポイントが貯まると自動的に代金への充当や景品の付与等を受けられるなど，会員によるポイント使用の意思表示を要しないものもある。

5　鍋谷彰男「消費税法上の「物品切手等」の範囲と決済手段の多様化を巡る諸問題について」税務大学校論叢86号（2016）468頁。上杉秀文「ポイントの付与と還元に対する消費税の取扱い」月刊税務QA155号（2015）50-51頁では，ポイント使用による値引きを指して「ポイント還元」とし，会員がそのような値引きを受けたいと意思表示することを「還元請求」としている。また，裁決でもポイント使用による便益等を指して「還元」としているものが見られる（裁決平成28年5月27日（大裁（諸）平27第61号・非公表裁決），裁決平成30年8月21日（大裁（諸）平30第6号・非公表裁決）等）。

られる利益を得ているとして利益が返還されていると考えれば，ポイント付与時をもって「ポイント還元」である。これに対し，会員にとってはポイントの使用時に利益の返還が初めて実現すると考えれば，ポイントの使用時が「ポイント還元」である。

その意味では，どちらの用法も間違いではないが，本書では誤解を避けるため，原則として（引用する裁決や判決文等の中で「還元」という言葉が使用されていない限り），ポイントの「付与」と「使用」という用語を用いることとする。

Ⅳ　ポイントサービスの類型

1　ポイントサービスの類型化

前述のように，ポイントサービスの内容は自由に設計されるものであり，その機能や価値についても会員規約等のサービス規約や加盟店規約の内容次第で決まる。ポイントサービスの内容は，それぞれの設計から個別に判断されるものである。

もっとも，現在，日本国内で多くの利用者がいるポイントサービスでは，大枠の機能や仕組みは似通っており，そこでは一定のサービス類型を観念することができる。そのため，抽象的なポイントサービスというものの一応の整理として，各種のポイントサービスを類型化することが可能である。

2　ポイントサービスを類型化する意義

ポイントサービスというものをすべてひとまとめにして演繹的に法律関係や課税関係を語ることはできないものの，ポイントサービスの法律関係や課税関係を検討する場合に逐一ゼロベースから検討することは，実務においてはなかなかに非現実的であるし，合理性にも乏しい。また，ポイントサービスが社会

的に広く認知されていることの裏返しとして，実務的にはやはりポイントサービス一般に通用する法理論や課税理論が要求されているように思われる。

　以上の観点からすれば，多種多様なポイントサービスを類型化して，その類型ごとの共通の性質や仕組みに照らして法律関係や課税関係を分析しておくことは，実際に問題となる具体的なポイントサービスを検討する上で指針となると同時に，それぞれの類型の効果や性質の違いを意識することでより適切な法律関係や課税関係を導くことができると思われる。

　したがって，具体的な事案においてそのポイントサービスの法律関係や課税関係を検討する上では，常にどの類型に該当しうるのかを意識して議論を進めることが有用である。

3　ポイントサービスの諸類型

　ポイントサービスを類型化する基準には様々なものがありうるが，ここでは，本書の趣旨に従って，法律関係及び課税関係という視点から類型化する。

　その視点に立つと，現在の一般的なポイントサービスは，⑴ポイントの通用範囲という観点と，⑵ポイントの使用場面（特典内容）という観点から類型化することができる。

⑴　ポイントの通用範囲による分類

　ポイントサービスは，誰がポイントサービスを主宰し，会員が誰に対しポイントを使用できるかという「ポイントの通用範囲」という観点から分類できる[6]。

①　自社完結型ポイントサービス

　ポイントが，運営会社でのみ使用できるタイプのポイントサービスである。この場合，ポイントは他の事業者では使用できない。

　典型的には，特定の商店のスタンプカードがこれに当たるが，当該運営会社の範囲内で通用するものはこの類型に当たるため，例えば，家電量販店のポイ

6　この分類は，資金決済法の自家型前払式支払手段と第三者型前払式支払手段の区別に類似するといってよいだろう。

ントのように，同一企業内のA店舗で付与されたポイントが，B店舗で使用で
きるような場合もこの類型に当たる。

　自社完結型のポイントサービスの特徴は，ポイントサービス（特にポイント
の付与及び使用）が運営会社と会員の二者間で完結する点にある。そのため，
自社完結型のポイントサービスは，運営会社による自社の顧客への特典（サー
ビス）として，運営会社の責任と経済的負担において展開されることが基本と
なる。

　これに対し，後述する共通ポイントサービスでは，このポイントサービスに
係る経済的負担を加盟店が負う場合があり，そのために運営会社と加盟店の間
で補填のための金銭等の授受がなされることがある。自社完結型ではそのよう
な金銭のやりとりは想定されない。

　したがって，例えば，自社グループの複数の法人で通用するポイントは，ポ
イントを発行する企業とポイントが使用される企業が異なり，そのグループ企
業間で経済的負担の補填のための資金移動も想定されるため，本書における分
類では自社完結型には当たらず，共通ポイントサービスの一種ということにな
る。

②　共通ポイントサービス

　運営会社自身を超えて，当該ポイントサービスに加盟した複数の事業主体
（加盟店）においてポイントサービス網が形成されるタイプのポイントサービ
スである。

　運営会社は，会員に対するポイントの付与や消滅，特典に係る経済的負担の
精算等，ポイントサービスを主宰し，その管理を行う。加盟店は，自身の店舗
等において会員が商品等を購入した際にポイントを付与する事務を行い，会員
が加盟店でポイントを使用すると，ポイントサービスの規定に従い会員に対し
て特典を付与する。会員が受けた特典に係る加盟店の経済的負担は，ポイント
サービスの内容に従って運営会社を通じて精算されることが一般的である。

　共通ポイントサービスは，自社完結型のポイントサービスに比べ，ポイント
の通用性やブランド価値が高いことから，集客効果も高いとされる。また，加

盟店にとっては，自前で導入するよりも低コストでポイントサービスを導入できるというメリットもある。もっとも，通常は，ポイント付与の契機となった加盟店は，自社で付与されたポイントについて，将来そのポイントが使用された場合のポイントの還元のための経済的負担を負うものとされている。したがって，加盟店にとっては，共通ポイントサービスは，当該ポイントサービスのブランド価値や顧客網を利用する販売促進ツールとして機能する。

　共通ポイントサービスの特徴は，ポイントサービスの展開において複数の主体が登場することである。会員へのポイント付与及び会員のポイント使用は，運営会社と会員との会員規約等に基づいて行われるが，外形的事実としては加盟店での商品等の購入等の場面で行われ，運営会社は基本的には主宰・運営に徹する。また，ポイントサービスに係る特典についての経済的な負担は，ポイント付与の契機となる売上げを得る加盟店が負うものとされ，運営会社を通じて，ポイント負担金やポイント精算金等の名目で資金移動が行われる。

　このように，共通ポイントサービスでは，ポイントサービスに係る登場人物間の関係が複雑になり，運営会社と会員という二者間の関係のみ考えれば足りる自社完結型とは異なる視点で分析する必要がある。

⑵　ポイントの使用場面（特典内容）による分類
　ポイントサービスは多種多様であるが，現在存在するポイントサービスについて，そのポイントが何に使用できるか（ポイントが使用された場合の会員に対する特典の内容）に着目すると，概ね次のような類型に整理できる。

①　景品等との交換（景品交換）
　使用されるポイント数に応じて，景品の給付やサービスの提供を受けられるタイプのポイントサービスである。例えば，100ポイントで商品Aと交換できるような場合や，100ポイント貯まると商品Bをプレゼントというような場合が考えられる。この類型は，歴史的に見ても，最も典型的なポイントサービスである。

　このとき，使用されたポイントと引換えに給付される景品やサービスには，

その交換にあたり具体的な取引上の値段が設定されていないことがほとんどである。つまり、景品等は所定のポイントの使用という条件の下に無償で給付されることになる。

　したがって、景品等との交換に使用されるポイントサービスは、お得意様である会員へのプレゼント（贈与、無償提供）という意味合いが強い。

②　商品等の購入時の使用

　会員が運営会社や加盟店で商品やサービスを購入する場合に、ポイントをその代金の値下げ・値引きや代金の支払いに利用できるタイプのポイントサービスである。このタイプのポイントサービスは、「会員が商品等を購入する際に通常価額からポイントを使用した分だけ支払いを免れる」という点で共通するが、法律関係・課税関係という観点からは、さらに以下の三つに分類できる。

ア　対価の形成（対価形成型）

　例えば、「ポイントを使用すると、商品等の表示価額から1ポイント当たり1円値下げした金額をもって当該商品等の販売価額となります」というようなポイントサービスでは、会員と販売店（運営会社又は加盟店）は、ポイントを使用して算出される金額が当該取引の対価となることに合意していることになる。そのため、ポイントが使用されると、会員と販売店との間には、ポイント使用後の金額を対価の額とする商品等の購入契約が成立する。

　つまり、このようなポイントサービスは、当事者において取引の対価を具体的に形成する機能を有する。

　後述する「対価の値引き」や「支払代金への充当」に使用できるポイントサービスとの違いは、「当該購入契約において、当事者の間ではいくらを対価の額（課税売上げ）とする取引が成立するか」という点にある。この類型のポイントの場合、当事者の間では当初よりポイントの使用によって値下げした後の金額を対価の額とする取引が成立するのに対して、後述の「対価の値引き」や「支払代金への充当」の場合は、当事者の間ではポイント使用前の表示価額を対価の額とする取引が成立し、ポイントはその対価の額の変更や決済手段と

して機能する。

イ　対価の値引き（対価値引型）

　例えば，「ポイントを使用すると商品等の表示価額から1ポイント当たり1円を値引きします」というポイントサービスが考えられる。この場合のポイントは，当事者の合意した対価を値引きする特約として機能する。

　このポイントサービスは，一見すると上記アの「対価の形成」との違いがわかりにくい。それは，消費税法が「値下げした対価の額」と「対価の額の値引き」を別概念のものとして区別している[7]ことに起因する。前者では，値下後の対価の額が課税売上げとなるが，後者では，課税売上げの値引きとして処理される（消法38条1項）ことになり，同じような用語を用いても，適用される条文が異なる（もっとも，対価の値引きとして機能するポイントサービスを，消費税法38条1項の「対価の値引き」として取り扱うべきかについては議論があろう。詳細については後述する。）。そのため，理論的には両者を区別する必要がある。

　この対価値引型のポイントサービスのイメージとしては，上記のように，会員が商品等を通常の販売価額で購入するに際してポイントを使用すると，その分だけ代金の値引きを受けられるというものである。理論的には，会員と販売店（運営会社又は加盟店）との間には通常の表示価額を対価の額とする取引が一旦成立し，同時に一種の特約としてポイントサービスの適用を受けて当該取引の対価の額が「値引き」されることになる。

　レシート等に，通常の表示価額が記載され，ポイント使用分について「値引き」として表示価額からの控除額が記載されている場合は，運営会社がこの類型を意図していると推測できることがある。

ウ　支払代金への充当（決済型）

　例えば，「ポイントは商品等の購入代金に1ポイント当たり1円として充当

7　大島隆夫＝木村剛志『消費税法の考え方・読み方〔5訂版〕』（税務経理協会，2010）246頁。

できます」や「ポイントは1ポイント＝1円として商品等の購入代金の支払いに利用できます」というポイントサービスがある。

このポイントサービスは，ポイントを会員が支払うべき代金の支払方法の一つとして認めるものであり，会員と販売店（運営会社又は加盟店）の間の代金の弁済（決済）方法の合意である。

つまり，会員と販売店との間では，通常の表示価額を対価の額とする取引が成立しており，その代金債務の弁済方法として，現金等のほか，ポイントの使用という手段を合意によって認め，ポイントが使用されるとその相当額について弁済があったものと同一視して会員が代金の支払義務を免れることを，事前に会員規約等に基づいて合意しておくということである。

したがって，会員と販売店との間には，通常の表示価額を対価の額とする債権債務関係が成立し，会員によるポイントの使用は，現金による支払いと同様に代金債務の弁済（決済）方法の一種として機能する。

このように，ポイントの使用によって会員がその分だけ商品等の代金の支払いを免れるポイントサービスであっても，理論的に見ると，その構成には複数の類型が考えられる。そして，それぞれの類型は，法律関係や課税関係のロジックを異にすると考えられるため，具体的な事案においていずれの類型に該当するかは極めて重要な問題となる。

③　ポイント交換

会員に付与されたポイントを，他社のポイントサービスのポイントと交換できるというポイントサービス（ポイント使用の一場面）である。

ポイント交換は，Aポイントの運営会社Aが別のBポイントを展開する運営会社Bと提携することで，双方のポイントの会員となっている会員が保有するAポイントを一定のレートでBポイントに交換することを実現するものである（一方のみを他方に交換できるとする場合のほか，相互に交換できるとする場合もある。）。これにより，会員にとっての利便性を高めると同時に，運営会社のポイントサービス網を実質的に拡大する効果があるといわれる。

一般的にポイント「交換」と称するが，実態としては交換元のポイント消滅（使用）と交換先のポイントの付与が同時的に行われるにすぎず，物理的な意味での交換は行われない。

交換先のポイントの種類や交換比率等は，ポイントサービスによって様々であるが，ポイント交換がなされた際には，交換元のポイント運営会社から，交換先のポイント運営会社に対して一定の金員が支払われることが通常である。

4　複数の類型に該当する場合がある

ポイントサービスの効果・内容に着目すると，上記のように分類できるが，どのような特典を得られるポイントサービスを設計するかはそのポイントサービス次第である。例えば，商店街のスタンプカードのように①景品交換の機能のみを有するものもあれば，共通ポイントのように②支払代金の充当（決済）機能を重視するものもある。また，航空系マイレージ等に見られるように①～③のいずれの特典も受けられるようなポイントサービスもある。

したがって，これらの分類は，あくまで概念の整理のためのものであり，相互に排他的ということではない（ただし，性質上，②のア・イ・ウについては事実上いずれか一つにしか該当しないだろう。）。つまり，問題となる場面ごとに，これらの類型を頼りに法律関係及び課税関係を検討することになる（**図表1－1**参照）。

【図表1－1】　ポイントサービスの分類

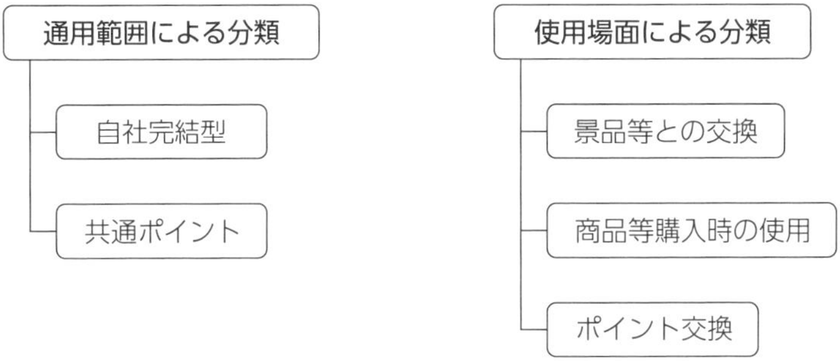

通用範囲による分類
- 自社完結型
- 共通ポイント

使用場面による分類
- 景品等との交換
- 商品等購入時の使用
- ポイント交換

第 2 章

ポイントサービスの
法律関係

I　ポイントサービスの法律関係を検討する意味

　ポイントサービスにおいては様々な場面で消費税の課税関係が問題となりうるが，これらを判断するためには，当該ポイントサービスの仕組みやポイントが関与する取引の法的性質を検討する必要がある。なぜならば，消費税の課税対象は，資産の譲渡，資産の貸付け，役務の提供という「行為」であり，端的にいえば，「取引」そのものが課税対象となるからである[1]。

　この点，課税要件の充足性の検討については，一般的に，「租税法は，種々の経済活動ないし経済現象を課税の対象としているが，それらの活動ないし現象は，第一次的には私法によって規律されている。租税法律主義の目的である法的安定性を確保するためには，課税は，原則として私法上の法律関係に即して行われるべきである。」と解されている[2]。そのため，消費税の課否を判断するためには，課税対象である当該取引の私法上の法律関係を分析する必要がある。

　具体的には，ポイントサービスがどのような関係者において，どのような法律関係に基づいて実施されるのか，付与されたポイントはどのような性質や機能を有するのか，ポイントを使用するということを法的にどのように評価するのか等を検討していくことになる。

II　ポイントサービスの法律関係を検討する視点

　消費税の課税対象である取引は，取引当事者間の法律関係であるから，取引の法律関係を分析する場合，「何を根拠に，誰が，誰に対し，どのような権利義務（法的利益）を有するのか」に着目することが基本である。

1　佐藤英明＝西山由美『スタンダード消費税法』（弘文堂，2022）57頁。なお，タックスアンサー№6201「非課税となる取引」も，「消費税は，国内において事業者が事業として対価を得て行う取引を課税の対象としています。」とする。
2　金子宏『租税法〔第24版〕』（弘文堂，2021）129頁。同旨を判示した裁判例として東京地判平成20年11月27日（税資258号順号11085）等。

　ポイントサービスも，同様の視点から分析することになる。ポイントサービスでは，「運営会社」と「会員」という二者間の法律関係がその基本的な分析対象となるが，共通ポイントサービスではここに「加盟店」というプレイヤーが登場し，ポイント交換ではさらに「交換先運営会社」というプレイヤーが登場する。したがって，ポイントサービスの法律関係を分析するには，これらの登場人物間の関係性を検討する必要がある[3]。

　なお，ここでは，ポイントサービスの法律関係を検討するための視座及び全体像を示すにとどめ，具体的な法律関係の詳細等については，本書の各箇所で述べる。

1　運営会社と会員の関係（ポイントサービス全般）

　運営会社と会員との関係は，会員規約等の規定に基づいて規律される。したがって，当該ポイントサービスがどのようなものかは，会員規約等から判断される。

　例えば，ポイントがどのような機能を有するものか，ポイントがどのような場合に付与されるか，ポイントを使用するとどのような効果が得られるのか，ポイントはどのような性質を有するかなどのポイントサービスの基本的な内容はここから判断される。その判断は，基本的には会員規約等の文言に基づくが，その他に，広告やウェブサイト等における記載内容，ポイントに係る明細や実際のオペレーションも判断の手がかりとなる。

　運営会社と会員との間の法律関係は，当該ポイントサービスの基本となるため，最も重要である。

2　運営会社と加盟店の関係（共通ポイントサービスの場合）

　共通ポイントサービスでは，運営会社と提携した加盟店において，実際のポイントの付与や使用が行われる。このとき，加盟店は，独自の判断でポイントを付与したり使用させたりするのではなく，あくまで運営会社の設計したポイ

3　公正取引委員会「共通ポイントサービスに関する取引実態調査報告書」（令和2年6月）4，7頁参照。

ントサービスに参加する形をとる。つまり，加盟店は，運営会社が設計したポイントサービスに同意して参画するものである。

運営会社と加盟店では，加盟店契約が締結される。加盟店契約においては，運営会社が共通ポイントサービスに係る基本的な事項について定めた加盟店規約等を作成し，加盟店側が同意することが多いが，場合によってはこれに付随する覚書等で当該加盟店ごとに特約等が締結されることもある。加盟店は，当該加盟店規約等に基づいて会員にポイントを付与する手続を行い，また会員のポイントの使用を認める義務を負う。

加盟店契約においては，当該加盟店で会員が商品等の購入等をしてポイントが付与された場合に，付与されたポイント相当額の金銭を運営会社に支払うことのほか，ポイントシステムの利用手数料等が定められるケースもある。また，加盟店でポイントが使用された場合に，使用ポイント数に基づいて運営会社からポイント精算金が支払われると規定されることが多い。

3　会員と加盟店の関係（共通ポイントサービスの場合）

会員と加盟店との間におけるポイントサービスの法律関係は，運営会社が主宰するポイントサービスに組み込まれる形で存在する。すなわち，一般的に，会員と加盟店との間で会員規約等が直接に作成されることはなく，会員と加盟店は，それぞれが運営会社との間で合意する会員規約や加盟店規約に基づいて，運営会社が主宰するポイントサービスを実現するという目的のために法律関係が構築されると解される。

なお，ポイントの付与や使用については，会員と加盟店との間には直接的な契約関係はないという指摘があるが[4]，必ずしも，会員と加盟店間に直接的な契約関係がないとは言い切れない。例えば，会員が加盟店でポイントカードなどを提示して，商品の購入代金等の一部又は全部につきそのポイントで支払う

4　鍋谷彰男「消費税法上の「物品切手等」の範囲と決済手段の多様化を巡る諸問題について」税務大学校論叢86号（2016）450頁は，「共通ポイントの付与・還元は運営会社と会員との間で直接的に法律関係が生じるものであり，提携事業者と会員との間でポイントの付与・還元についての直接的な法律関係が生じるものではないと考えられる。」とする。

という意思表示をする場合，そこで生じる商品購入取引は，あくまでも会員と加盟店との間の商品の売買契約であり，ポイントを使用した場合の法的効果は，あくまでも会員と加盟店との間で生じるものである。したがって，ポイントサービスの法律関係や課税関係を検討する際に，会員と加盟店との間の関係を無視してよいということではない[5]。

4　運営会社と運営会社の関係（ポイント交換の場合）

ポイント交換は，あるポイントサービスを主宰する運営会社と，その他のポイントサービスを主宰する運営会社間の提携契約ないしポイント交換契約により実現される。

加盟店契約等と異なり，ポイントサービスが通用範囲を超えてリンクすることから，一般的にはポイント交換のための規約等を運営会社が用意している場合は少なく，どちらかというと各提携運営会社との間で個別に相対取引を行うことが多いように思われる。

ポイント交換のための提携契約では，ポイントの交換に係る業務や交換の際に収受される経済的負担の算定方法等が定められることが一般的である。

Ⅲ　法律関係の根拠

1　ポイントサービスの規律の根拠

ポイントサービスは多種多様に設計できるので，ポイントサービスであるという一事から直ちに当事者の法律関係やポイントの法的性質を結論付けることはできない。したがって，具体的なポイントサービスの法律関係等を判断する

5　楽天ポイントカード利用規約第14条（問い合わせ）では，「ユーザがポイントを利用することにより楽天ポイントカード加盟店から提供を受ける商品・サービス等にかかる契約関係は，ユーザと当該楽天ポイントカード加盟店との間で成立します。当該商品・サービス等について疑義，トラブル等が生じた場合には，ユーザは当該楽天ポイントカード加盟店に問い合わせるものとし，当社は責任を負わないものとします。」との文言がある（https://pointcard.rakuten.co.jp/guidance/restriction/最終閲覧2024年 4 月 1 日）。

ためには，その規律根拠を分析する必要がある。

　では，ポイントサービスの規律根拠は何だろうか。

　前述のように，ポイントサービスは，民法や商法等の法律に規定が存在するものではなく，運営会社が用意した会員規約（当該サービスについてのルールを定めた規約）や加盟店規約等に会員や加盟店が同意することで実施されるものである。つまり，ポイントサービスは，一種の契約関係として，当事者の合意によって形成される法律関係である。したがって，ポイントサービスにおける規律の根拠は，当事者の合意に求められる。

　問題は，当事者が具体的にどのような合意をしたのかであるが，現在の多くのポイントサービスでは規約が用意されているため，基本的には当該規約に従った法律関係が形成されることになる。

2　規約以外の根拠

　通常のポイントサービスでは規約が用意されていることが多いが，中には規約がない，あるいは当該ポイントサービスの法律関係については実質的に何も記載されていない（規約からは一定の法律関係が読み取れない）場合もある。

　前述のように，ポイントサービスは運営会社と会員や加盟店の合意に基づく契約関係であるから，一般論として，その規律根拠として必ずしも規約に基づかなければならないものではなく，例えば，「ご利用案内」や「説明書」のようなポイントサービスを利用するためのルールが記載されているものや，「遵守事項」のように会員として遵守すべきことが公開されている場合には，会員等はこれらに同意したものとして当事者を拘束する。場合によっては，会員規約とは別に「覚書」などの合意文書が作成される場合もある。また，ウェブサイト上の勧誘表示や広告文なども，合意事項や法律関係を示す根拠となりうる。

　さらに，ポイントサービスが実際にどのように運用されているか（オペレーション）も，運営会社と会員等の合意内容を示す重要な手がかりとなる。例えば，規約に明確な記載がない事項等については，実際にどのように運用されているか，それに対し当事者がどのような認識を有しているといえるかによって，ポイントサービスとしての合意内容を確定させることが考えられる。したがっ

て，実際のオペレーション内容を示す請求書や明細書（レシート）等の表記内容は，法律関係を検討する上で極めて重要な手がかりとなる。

3　解釈の必要性

このように，ポイントサービスでは規約が用意されていることが一般的であり，その他にもポイントサービスの内容やルールを示すものは多く存在するが，規約にそのルールがすべて網羅的に明記されているわけではない。規約にすべてのルールを記載することは非現実的であるし，規約条項の文言を抽象的なものとせざるを得ない場合もある。そのような場合に当事者の法律関係を判定するためには，根拠となる規約等の意味を，当該ポイントサービスの趣旨や目的（何を実現しようとしているのか），実際のオペレーション等に基づいて解釈していく必要がある。

例えば，「ポイントは購入代金の支払いに利用できます」と会員規約に記載されている場合，「購入代金の支払いに利用できる」という文言がどういう意味なのかについては，当該規約の文言を解釈しなければならない。そして，その解釈は，当該ポイントサービスの趣旨や目的，それを達成するための設計やシステムの内容，当事者の予定する行動やオペレーション，当事者や社会一般の認識等を踏まえて行われることになる。

Ⅳ　ポイントの法的性質と権利性

1　ポイントの法的性質や権利性に関する議論

ポイントサービスで付与されるポイントの法的性質をどう考えるかが議論されることがある。この点について，これまでもいくつかの報告書，論文等において検証がされてきたが，そのうちの一部を引用して紹介する。

① （商品を販売する際に，消費者に対し販売価格の一部又は全部の減額に充当できる）ポイントの提供を，一般的に，「値引きと同等の機能を有する」として，「『対価』の実質的な値引き」とするもの[6]。

② 企業ポイントは，主たる取引に付随した「景品・おまけ」とするもの[7]。

③ 売上値引，売上割引，おまけ景品（販売促進費），民法でいう予約に似たもの，売上前受金，企業通貨などが考えられ，一つに特定することはできないとするもの[8]。

④ ポイントの法的性質については，事業者と消費者との合意内容・意識によって定まるとし，一律に権利性を論じることは妥当ではないとするもの[9]。

⑤ 少なくとも，ポイント付与の元になった取引とは別の何らかの給付を請求できる権利が付与されたものであるという事業者と消費者の共通意思があり，法的には，（受贈者による意思表示という停止条件が成就するまでは，贈与者により行使可能な約定解除権等を付与した）停止条件付贈与契約による債権であるとするもの[10]。

⑥ ポイント規約の条項全体からみてポイントがどのようなものと位置付けられているか，ポイント規約の実際の運用状況，消費者に対するポイントについての説明内容等から，両当事者の意思を解釈して，ポイントがポイント発行企業に対して法的な請求を行いうる権利としての性質を有するものか否かを判断するとするもの[11]。

⑦ 企業ポイントは，資産の販売等に係る給付義務の履行に付随した債権として認識することが可能とするもの[12]。

---

6 公正取引委員会「家庭用電気製品の流通における不当廉売，差別対価等への対応について」（平成21年12月18日（最終改正平成29年6月16日））。

7 企業ポイント研究会・経済産業省商務流通グループ「企業ポイントのさらなる発展と活用に向けて」（平成19年7月）19頁。

8 髙安満「マイレージサービスに代表されるポイント制に係る税務上の取扱い─法人税・消費税の取扱いを中心に─」税務大学校論叢58号（2008）17頁。

9 経済産業省「企業ポイントの法的性質と消費者保護のあり方に関する研究会報告書」（平成21年1月）15頁。

10 上田正勝「企業が提供するポイントプログラムの加入者（個人）に係る所得税の課税関係について」税務大学校論叢78号（2014）277頁。

11 北浜法律事務所編『バーチャルマネーの法務〔第2版〕─電子マネー・ポイント・仮想通貨を中心に─』（民事法研究会，2018）205頁。

12 沼田渉「法人が企業ポイントを取得した際の所得認識について」税務大学校論叢100号（2020）87頁。

　上記の見解には，ポイントの法的性質の中身にまで言及したものもあるが，中には抽象的な表現にとどまり意味内容が明確でないものや，限定された場面を想定した説明も見受けられる。したがって，必ずしも手放しでは賛同はできないが，法的根拠が不明確なポイントというものについて，法律上の権利性や要保護性をどのように考えるべきか，その検討材料としては参考となる。

2　「ポイントの権利性」という場合の留意点

　ところで，ポイントの法的性質が議論される際に，ポイントサービスで会員に付与されるポイントの「権利性」や「法的権利」の該当性が論じられることがある[13]。しかし，そこで議論される「権利性」や「法的権利」の意味するところは必ずしも明確でなく，論者によって意味が異なる場合もあるので注意が必要である。

　ポイントサービスにおけるポイントは，ポイントサービスの定める特典を受けられる地位を表章する管理符号にすぎず，それ自体が会員と運営会社（や加盟店）の関係を超えて一般的通用力を有するものではない。したがって，「ポイントの権利性」という場合，ポイントという運営会社が割り振る管理符号が，誰の誰に対する何の権利（又は法的に保護されるべき利益）の問題として議論するのかをはっきりさせる必要がある。

　具体的に「ポイント（を保有すること）の権利性」が問題となる場面としては，例えば，

---

① 　ポイントを保有することに経済的価値が認められるか（一般的資産性）
② 　運営会社がポイントを付与しない場合にポイントの給付請求等として訴求できるか（ポイントの請求権能性）
③ 　ポイントを保有する会員を運営会社との関係で債権者として取り扱うことができるか（倒産やM&Aの場面での債権者性）
④ 　ポイント自体が譲渡や相続の対象となるか（譲渡性や相続財産性）
⑤ 　運営会社や第三者によってポイントデータが消失した場合に損害賠償の対象となるのか（損害性）

13　北浜法律事務所・前掲注11・204頁以下等。

等の様々な側面からアプローチすることが考えられる。よって，「ポイントの権利性」について論じる際には，当該議論が具体的に何を（どのような内容の権利を）検討しているのかに注意する必要がある。

このように，「ポイントの権利性」が論じられる場面は様々であるが，それらに共通するのは，ポイントサービスにおけるポイントの保有という状態に経済的・財産的価値があるという視点である。一定の経済的価値があるとされるものについて，それが法的に保護されるべきか，されるとすればどのような根拠に基づくというべきか，について議論が進められてきたように思われる。

ほとんどのポイントサービスでは，付与されたポイントの保有が（一定期間は）認められ，保有期間内にポイントを使用するとポイントサービスに定める種々の特典が受けられることから，少なくとも抽象的には経済的・財産的価値があるというべきであろう。

しかし，ポイント（あるいはその保有）それ自体が，ポイントを使用した際に受けられる特典を受ける権利（これ自体は会員規約という合意に基づく債権ということができる場合が多い。）というものを離れて，具体的な経済的・財産的価値のある法的権利又は法的に保護に値する利益であるといえるかは，ケース・バイ・ケースである。

例えば，会員規約において譲渡性や相続財産性を明確に否定したり，運営会社の破産等の場合にポイントが消失するものとして債権性を認めない設計にしたりすることはありうる。また，運営会社に対する債権性や一般的資産性という側面では，ポイント使用による特典を受けるために会員の意思表示が必要か，それとも自動的に特典が付与されるかによっても判断は異なるだろうし，1ポイントから直ちに使用できるものか，一定のポイント数が貯まらないと使用できないのかによっても異なるだろう。

したがって，少なくとも，現時点においては，ポイントサービスにおけるポイントの法的性質はこういうものである，と一義的に説明することは困難であり，結局，「ポイントの権利性」について論じる場合，問題となるポイントサービスごとに，それぞれの設計内容や法的側面に照らして個別に判断するほかないことになる。これは，ポイントサービスが自由に設計できる性質のもの

であることの，ある意味当然の帰結といえるだろう。

3　ポイントの権利性と消費税の課否の関係

　ポイントサービスにおける消費税の課税関係という観点からは，「ポイントの権利性」に関する議論はあまり意味を持たないともいえる。というのも，ポイントに権利性があるか否かにかかわらず，消費税の課税対象である「資産の譲渡等」に該当すれば課税され，該当しなければ課税されないからである。

　例えば，消費税法の観点からは，ポイントの法的性質は，特にポイントが付与された際に消費税が課されるかという点で問題となる。ポイントが財産性を有する「資産」であるとして，課税対象である「資産の譲渡」に当たるか，あるいは，ポイントによって特典を受ける地位が「権利」であるとして，権利の設定として「役務の提供」に当たるか，などと議論されるのである。

　しかし，ポイントは会員規約で取引対象性（譲渡性）が否定されていることが通常であるため，消費税法上の「資産」とは言い難く，他方で，たとえ法的権利性が認められなくても，ポイントサービスという役務の提供は消費税法上の「役務の提供」に当たりうるため，結局は，現在のポイントサービスに関する消費税の課税関係においては，ポイントの法的性質や権利性をそれ以上に論じる意義は小さい。

　もっとも，今後さらに発展したポイントサービスが発明されたとしたら，権利性を正面から議論する必要が出てくるのかもしれない。

第 3 章

消費税の課税要件論

I　消費税の課税要件

1　ポイントサービスと消費税の課税対象

　ポイントサービスにおける消費税の問題の中心は，ポイントサービスの過程で行われるポイントや金銭のやりとりが消費税の課税対象（課税取引）に当たるかである。

　したがって，ポイントサービスにおける消費税の問題を判断するためには，消費税の課税対象が何であるかという消費税の課税要件について理解しておく必要がある。

　そこで，ポイントサービスにおける消費税の課税関係を検討する前提として，消費税の課税対象に関する解釈論を確認しておく。

2　消費税の課税対象

　消費税の課税対象は，「国内において事業者が行った資産の譲渡等」である（消法4条1項）。

　そして，「資産の譲渡等」の定義は，「事業として対価を得て行われる資産の譲渡及び貸付け並びに役務の提供（代物弁済による資産の譲渡その他対価を得て行われる資産の譲渡若しくは貸付け又は役務の提供に類する行為として政令で定めるものを含む。）をいう。」とされている（消法2条1項8号）。

　さらに，消費税法施行令2条3項によると，「資産の譲渡等」には，「その性質上事業に付随して」対価を得て行われる資産の譲渡及び貸付け並びに役務の提供を含むとされている[1]。

　これをまとめると，消費税の課税対象は，

1　消費税法基本通達5-1-7参照。

---

① 国内において,

② 事業者が行った,

③ 事業として,

④ 対価を得て行われる,

⑤(a)　資産の譲渡,又は

　(b)　資産の貸付け,又は

　(c)　役務の提供,又は

　(d)－1　代物弁済による資産の譲渡,又は

　　　－2　その他対価を得て行われる資産の譲渡若しくは貸付け又は役務の提供
　　　　　に<u>類する行為として政令[2]で定めるもの</u>

※ただし,その性質上事業に<u>付随</u>して対価を得て行われる資産の譲渡及び貸付
け並びに役務の提供を含む。

ということになる。

　上記①から⑤の要件に該当する取引,すなわち消費税の課税対象となる取引を「課税取引」といい,これらの要件をいずれか一つでも満たさない取引,すなわち,消費税の課税対象とならない取引を「不課税取引」[3]という。

　ただし,消費税法には,本来は上記要件を満たす取引であっても,例外的に消費税がかからない取引があり,それが「非課税取引」と「免税取引」である（なお,非課税取引・免税取引の内容については,本書では,説明の必要がある場合にのみ触れることとする。）。

　ポイントサービスにおいては,ポイント付与,ポイント使用等を含むポイントサービスにおける各取引が「資産の譲渡等」に該当するかを検討することとなるが,特に重要となるのが④「対価を得て行われる」と⑤(c)「役務の提供」の要件である。

(1)　国内において

　消費税法は,「国内において」行われる取引を課税対象とする。したがって,

2　消費税法施行令2条1項各号。

3　なお,「課税取引」,「不課税取引」という用語は,法令上の用語ではない。

まず，当該取引が国内において行われたのか，国外において行われたのかを判定しなければならない。これを一般的に「内外判定」という。

　消費税法4条3項によると，資産の譲渡等が国内において行われたかどうかの判定は，次のとおり整理できる。

①　資産の譲渡・貸付け

　原則：当該資産が所在していた場所によって判定（消法4条3項1号）

　ただし，資産の性質によって個別の判定基準が設けられている（消令6条1項）。

②　役務の提供

　原則：当該役務の提供が行われた場所によって判定（消法4条3項2号）

　ただし，国内と国内以外の地域にわたる一定の役務提供等について個別の規定がある（消令6条2項1～5号）。また，役務提供が行われた場所が明らかでないものは，役務提供者の「役務の提供に係る事務所等の所在地」が国内にあるかどうかで判定する（消令6条2項6号）。

③　電気通信利用役務の提供

　当該電気通信利用役務の提供を受ける者の住所若しくは居所（現在まで引き続いて1年以上居住する場所）又は本店若しくは主たる事務所の所在地で判定（消法4条3項3号）

【裁判例】
○東京地判令和4年4月15日〔アマゾン支払手数料事件〕(税資272号順号13703)

> 　消費税法施行令6条2項7号（筆者注：現6号）にいう「事務所等」とは，当該役務の提供に直接関連する事業活動を行う施設をいうものと解され，その所在地をもって，役務の提供場所に代わる課税対象となるか否かの管轄の基準としている趣旨からすれば，当該役務の提供の管理・支配を行うことを前提とした事務所等がこれに当たると解するのが相当である。

○東京地判平成22年10月13日〔カーレーススポンサー事件〕(税資260号順号11533)

> 　(筆者注：消費税法施行令6条2項7号，現6号)における「国内及び国内以外の地域にわたって行われる役務の提供」とは，役務の提供が国内と国外との間で連続して行われるもののほか，同一の者に対して行われる役務の提供で役務の提供場所が国内及び国内以外の地域にわたって行われるもののうち，その対価の額が国内の役務に対応するものと国内以外の地域の役務に対応するものとに合理的に区別されていないものをいうと解するべきである（消費税法基本通達5－7－15後段参照）。

○東京地判令和3年6月2日（税資271号順号13572)

> 　役務の提供場所が国内と国内以外の地域の双方で行われるもののうち，その対価の額が国内の役務に対応するものと国内以外の地域の役務に対応するものとに合理的に区分されていない場合には，かかる役務の提供は，国内及び国内以外の地域にわたって行われる役務の提供に該当すると解するのが相当であり，その役務の提供をした場所は，役務の提供を行う者の役務の提供に係る事務所等の所在地により判定するのが相当である。

　ポイントサービスにおいては，ポイント運営会社及び加盟店が国内の事業者であれば，通常は国内取引であることが明らかであるから，内外判定が必要となるケースはほとんど想定されない。

　しかし，現在では，海外の加盟店や提携店でもポイントが付与されるポイントサービスが存在する。そして，ポイントサービスの実施は，消費税法上の「役務の提供」に該当しうるため，内外判定が問題となるケースが生じうる。

　もっとも，具体的に問題となる取引が無償行為，すなわち対価性がない取引であるとすれば消費税の課税対象とならないため，内外判定を検討する必要はなく不課税ということになる[4]。

4　国外事業者である加盟店においてポイントが付与される場合や，国外の運営会社のポイントとポイント交換が可能なポイントサービス網を想定すれば，その内外判定が問題となる余地はある。

(2)　事業者

　「事業者」とは,「個人事業者及び法人」をいい（消法2条1項4号）,「個人事業者」とは「事業を行う個人」をいう（同項3号）。

　ここで問題となるのが,「事業」の意味内容である。「事業」の用語は,後述の「事業として」の要件でも問題となる。

　下記裁判例でも判示されているように,消費税法上の「事業」とは,規模を問わず,反復・継続・独立して行われる行為をいうと解されている。要点は,所得税法上の事業所得が生じる「事業」よりも,消費税法上の「事業」の範囲が広いということである。すなわち,所得税法上は雑所得になるような,一定規模も一定の所得発生の安定性[5]もない経済的活動であっても,消費税法上は「事業」に当たるとされている[6]。

【裁判例】

○名古屋高金沢支判平成15年11月26日　（税資253号順号9473）

> 　消費税の趣旨・目的に照らすと,消費税法の「事業」の意義内容は,所得税法上の「事業」概念と異なり,その規模を問わず,「反復・継続・独立して行われる」ものであるというべきである。

(3)　事業として

　「事業として」行われた取引でなければ消費税の課税対象とならない。「事業」の意義については,前述したとおりである[7]。ここで問題となるのは「事業として」の意味である。

　法人による取引の場合,原則としてこの要件が問題となることはない[8]。特

5　佐藤英明『スタンダード所得税法〔第4版〕』（弘文堂, 2024) 212-213頁。
6　質疑応答事例「消費税における「事業」の定義」参照。
7　「事業者」における「事業」と,「事業として」における「事業」は,同じ意味内容として取り扱ってよいと思われる。これらを別概念と読むべき根拠は見出せない。
8　ただし,理論的には,法人の名で行った行為であっても「事業として」行われたかどうかが問題となるケースはあると思われる。

にこの要件の検討が必要となるのは，個人事業者の場合である。

　個人事業者は，一個人（消費者）として取引を行うこともあるため，この要件は，消費者としての取引と（課税対象となりうる）事業者としての取引を区別するための要件であるということができる。

　なお，通達では，「『事業として』とは，対価を得て行われる資産の譲渡及び貸付け並びに役務の提供が反復，継続，独立して行われることをいう。」とされている（消基通5－1－1）[9]。

　例えば，「商店が販売用の商品を売った場合」や「運送業者が運送サービスを提供して対価を受け取るような場合」が典型的な事業として行われるものとされ，逆に，「個人事業者が事業用でない自家用車やテレビなどの生活用に使用していた資産を売った場合」は事業として行うものではないため不課税であるとされている[10]。

　ポイントサービスにおいては，「事業者」要件該当性や「事業として」行われたかどうかが問題となるケースはほとんど想定されないといってよいだろう。

(4)　対価を得て行われる

　「対価性」要件とも呼ばれるが，消費税法上に「対価」の定義はない。ポイントサービスの課税関係を検討する上で，特に重要なのがこの対価性要件である。

　消費税法基本通達5－1－2（対価を得て行われるの意義）からすると，国税庁としては，少なくとも「対価を得て」＝「反対給付を受けること」という理解をしていることが読み取れるが，後述するように，対価性の判断は簡単ではない。

　この「対価」の意義や判断基準等をめぐっては裁判例や学説において様々な見解が見られるが，ポイントサービスの消費税という問題に限らず，この点に

9　消費税法基本通達5－1－1を根拠として，事業要件を満たすには，対価性要件と資産の譲渡等要件の両方を満たす必要がある（対価性要件と資産の譲渡等要件のいずれかを欠くと事業要件を満たさない）という見解があるようである（鍋谷彰男「消費税法上の「物品切手等」の範囲と決済手段の多様化を巡る諸問題について」税務大学校論叢86号（2016）453頁）。しかし，事業要件の理解として一般的な理解とは思われない。なお，対価性要件を欠いても資産の譲渡等要件を欠いても，結局は課税対象外となるため，結論は変わらない。

10　タックスアンサーNo.6109「事業者が事業として行うものとは」参照。

ついては1度議論を整理すべきだと思われるので後述する（本章Ⅱ参照）。

(5) 資産の譲渡

　消費税の趣旨からすると，「資産」は取引対象となりうるものを広く指すと解すべきである。裁判例にも，広くあらゆる物品が「資産」に該当しうることを前提としていると思われるものがある。消費税法基本通達5－1－3も，「取引の対象となる一切の資産をいう」としており，「資産」には，有形資産のほか，特許権，実用新案権，意匠権，商標権などの権利やノウハウその他の無体財産権なども含まれるとされる[11]。

　「譲渡」とは，「同一性を保持しつつ他人に移転する」ことを意味する。例えば，ある商品がそのまま売手から買手に渡るという通常の商品の売買が典型である。消費税法2条1項8号では，「代物弁済」が資産の譲渡に当たるとされている。代物弁済とは，債務者が債権者の承諾を得て，約定されていた弁済の手段に代えて他の給付をもって弁済することであるが（民法482条参照），代物弁済によっても，資産が債務者から債権者に対して同一性を保持されて移転することから，「資産の譲渡」となる。

　また，「譲渡」についてはその原因を問わないとされており，他人の債務の保証を履行するために行う資産の譲渡や強制換価手続により換価された場合の譲渡も，ここでいう「譲渡」に該当する（消基通5－2－2）。

　ポイントサービスにおいては，ポイントの流通が「資産」の「譲渡」に該当するかが問題となる。

【裁判例】
○福岡地判平成23年7月15日（税資261号順号11710）

> 　多段階一般消費税である我が国の消費税は，生産，流通過程のあらゆる段階において発生する附加価値に対して課税を行うものとして，原則として広くあらゆる物品，サービスを課税の対象とするものというべきである。

11　タックスアンサーNo.6145「資産の譲渡の具体例」参照。

○東京地判平成９年８月８日（税資228号229頁）

> 「資産の譲渡」（消費税法２条１項８号）とは，資産につきその同一性を保持しつつ他人に移転することをいい，単に資産が消滅したという場合はこれに含まれないものと解するのが相当である。

(6)　資産の貸付け

　「貸付け」の概念が広いことに注意が必要である。消費税法２条２項は，「『資産の貸付け』には，資産に係る権利の設定その他他の者に資産を使用させる一切の行為（当該行為のうち，電気通信利用役務の提供に該当するものを除く。）を含むものとする。」としている。

　「資産に係る権利の設定」の例としては，土地に係る地上権や地役権，特許権等の工業所有権に係る実施権，使用権，著作物に係る出版権の設定などである（消基通５－４－１）。

　また，「資産を使用させる一切の行為」の例としては，工業所有権等の使用，提供又は伝授，著作物を利用させる行為（消基通５－４－２）や，保養所などの福利厚生施設を割安な料金で社員に利用させる場合[12]などである。

(7)　役務の提供

　「役務の提供」とは，各種契約等により労務・便益その他のサービスを提供することをいう[13]。消費税法は，広く取引に課税する制度であるから，労務性のある行為は広く「役務の提供」に含まれると解されている。消費税法基本通達５－５－１でも，広くサービスを提供することは「役務の提供」に該当し，弁護士，公認会計士，税理士等による専門的知識，技能等に基づく役務の提供もこれに含まれることを確認的に規定している[14]。

　このように，「役務」の概念は広いため，ポイントサービスにおけるポイン

12　タックスアンサーNo.6149「資産の貸付けの具体例」参照。
13　金子宏『租税法〔第24版〕』（弘文堂，2021）815頁。
14　タックスアンサーNo.6153「役務の提供の具体例」も参照。

ト付与なども基本的には「役務の提供」に該当すると考えられる。もっとも，消費税法が取引を課税対象としていることに鑑みると，労務性のある行為であっても，それが取引の対象となっているとはいえないような行為は，消費税法の「役務」には該当しないと解される。

Ⅱ　消費税法の「対価」とは

1　錯綜する対価性の議論

　前述したように，消費税法の課税要件の一つである「対価」とは何かについては，明確な定義はない。そのため，この消費税法の規定する「対価」とは何かについては，専ら解釈に委ねられている。

　しかし，解釈論としても，最高裁判所の判例があるわけではなく，下級審の判示，国の解釈，学説，実務家の見解と多種多様な見解が議論されており，未だに統一的な通説を形成するには至っていない。

　そのような中で，大阪高裁令和3年9月29日判決〔ポイント交換事件〕は，対価性について，従来の高裁判断や国の見解とはやや異なるとも思える判示をしており，注目される。

　現状におけるポイントサービスの消費税の議論は，主としてこの対価性に関する問題である。そのため，以下，改めて対価性に関する議論を整理し，消費税法における「対価」とは何か，どのように判断すべきかについて検証する。

2　消費税法基本通達に見る「対価」

⑴　通達における対価の意義

　消費税法基本通達5－1－2（対価を得て行われるの意義）では，「対価を得て」＝「反対給付を受けること」という理解をしていることが読み取れる。しかし，「反対給付」という用語は一般的に「対価」と同じ意味であって，この通達では，単に「対価」を「反対給付」と言い換えたにすぎず，対価の意味内容を積極的に定義付けたものではない[15]。

　もっとも，通達では「無償による資産の譲渡及び貸付け並びに役務の提供は，資産の譲渡等に該当しない」としているし，国税庁のタックスアンサーNo.6105「課税の対象」では，「無償の取引」が原則として課税対象とならない旨を説明している。また，同No.6117「「資産の譲渡等」とは」（令和5年10月1日現在法令等）では，「『資産の譲渡等』とは，事業として対価を得て行われる資産の譲渡，資産の貸付けおよび役務の提供をいいます。」としているものの，以前（令和4年4月1日現在法令等）は，「『資産の譲渡等』とは，事業として<u>有償で行われる資産の譲渡</u>……をいいます。」としていた。

　このように見ると，国税庁としては，「対価を得て行われる」取引とは，「有償取引」である，という理解をしていると考えられる（ただし，「有償」の具体的な意味内容については言及されていなかった。）。

○消費税法基本通達5−1−2（対価を得て行われるの意義）

　法第2条第1項第8号《資産の譲渡等の意義》に規定する「対価を得て行われる資産の譲渡及び貸付け並びに役務の提供」とは，資産の譲渡及び貸付け並びに役務の提供に対して反対給付を受けることをいうから，無償による資産の譲渡及び貸付け並びに役務の提供は，資産の譲渡等に該当しないことに留意する。

（注）　個人事業者が棚卸資産若しくは棚卸資産以外の資産で事業の用に供していたものを家事のために消費し，若しくは使用した場合における当該消費若しくは使用又は法人が資産をその役員に対して贈与した場合における当該贈与は，法第4条第5項《資産のみなし譲渡》の規定により，事業として対価を得て行われた資産の譲渡とみなされることに留意する。

(2)　通達における対価性の解釈と具体的結論の不明瞭な関係

　しかし，上記の解釈からは，国が挙げる具体的場面について，当該金銭の収

15　大阪高判平成24年3月16日〔京都弁護士会事件控訴審判決〕（税資262号順号11909）は，消費税法基本通達5−1−2について，「ここで『対価を得て行われる』という文言を『・・・に対して反対給付を受ける』という意味に解しているのは，いわば同義語で言い換えたものであるということができる。」とする。

56

受がなぜ対価となるのか（あるいはならないのか）を説明することが困難と思われるものが散見される。

　例えば，同業者団体，組合等による会報や機関紙の発行については，これが「通常の業務運営の一環」として発行・配布される場合は，資産の譲渡等に該当しないものとして取り扱うとするが（消基通5−2−3），なぜ「通常の業務運営の一環」なら資産の譲渡等に該当しないのかは明らかではない。

　また，保険金，共済金等（消基通5−2−4），損害賠償金のうち心身又は資産につき加えられた損害の発生に伴い受けるもの（消基通5−2−5），剰余金の配当等（消基通5−2−8）などは対価に該当しないとされるが，対価性を否定する根拠については明確には記載されていない。

　さらに，建物賃貸借契約の解除等に伴う立退料は，賃貸借の権利消滅に対する補償，営業上の損失又は移転等に要する実費補償などに伴い授受されるものであり，対価に該当しないとされている（消基通5−2−7）。この通達を読む限りは，少なくとも，授受される金銭の性質が「補償」であれば対価性が否定されるように思われるものの，なぜ補償の性質であれば対価性が否定されるのかは明らかではない。

⑶　明白な対価関係？

　その他にも，消費税法基本通達には，「対価」を「反対給付」と解することとの関係が不明確なものがある。

　例えば，同業者団体や組合が構成員から受ける会費や組合費が「対価」となるかどうかに関して，消費税法基本通達5−5−3がある。そこでは，「当該同業者団体，組合等がその構成員に対して行う役務の提供等との間に明白な対価関係があるかどうかによって資産の譲渡等の対価であるかどうかを判定する」としており，対価関係に明白性を求めるかのような規定ぶりとなっている。

　明白な対価関係の有無で判定するという基準は，これ以外にも消費税法基本通達5−5−4（入会金），5−5−6（公共施設の負担金等）にも採用されているが，その意味するところは明らかではない[16]。

　その一方で，消費税法基本通達5−5−8（賞金等）では，賞金・賞品の対

価性について，「当該賞金等の給付と当該賞金等の対象となる役務の提供との間の関連性の程度により個々に判定する」としている。ここでいう「関連性」の意味内容はわからないし，「関連性の程度」という判断基準が上記「明白な対価関係」の基準とどのような関係にあるかも明らかではない。

(4)　「対価に該当しないものとしている場合は，これを認める」という怪奇

例えば，消費税法基本通達5－5－3（会費，組合費等），5－5－4（入会金），5－5－6（公共施設の負担金等）では，「（団体等が）資産の譲渡等の対価に該当しないものとし，かつ，○○を支払う事業者側がその支払を課税仕入れに該当しないこととしている場合には，これを認める。」としている。

これは，対価性の判定が困難な場合の救済措置というか，一種の割り切りというものであろうと想像できるが，不思議な規定である。理論的にいえば，客観的には対価であるか，対価でないかはどちらか一方に決まるはずである（司法判断となれば対価であるか，対価でないかは必ず決まるはずである。）。

通達はあくまで行政実務の指針と位置付けられるので，この通達は，売手と買手が矛盾なく対価性がないものとして取り扱っているときはこれを認めるという「悩める実務での国税庁としてのマニュアル」を示したものということができる。しかし，これをもって対価性に関する法解釈を示したものということはできない。

(5)　小　括

対価性に触れた通達は上記に掲げたもの以外にも存在するが，それらをすべて見ても「対価」とは何か，対価性の有無をどのように判断すべきかの基準は見えてこない。むしろ，“実質的に対価と認められるものは対価である”，“実質的に対価を構成すべきだと認められるときは対価に該当する”“……に伴っ

16　吉村典久教授は，「『明白な対価関係』の基準は，あくまでも，謙抑的な行政権力行使の考えに基づく税務執行上の一応の基準を立てたものに過ぎず，役務の提供と（反対）給付との因果関係的関連性基準以外に『明白性基準』を立てたものとは理解すべきではないと考えられる。」と指摘する（吉村典久「消費税の課税要件としての対価性についての一考察―対価性の要件と会費・補助金」金子宏編『租税法の発展』（有斐閣，2010）405-406頁）。

て収受する対価は役務提供の対価に該当する”といったような，同義反復的な記載が散見され（消基通5－2－5，5－2－14，5－5－12等），国税庁がどのような見識の下に「対価」を定義しているのかは不明である。

　このように，消費税法基本通達からは，結局，消費税法における「対価」とは何か，それはどのように判断されるのかを読み取ることはできない。

3　裁判例等に見る「対価」

(1)　総　論

　対価性が争点となった裁判例は少なくないが，対価性に関する最高裁判決はまだない。また，下級審レベルにおいては，裁判所の統一的な基準は未だ存在せず，対価性の判断について一定の傾向などを見出すことも困難である。ただし，少なくとも，大阪高裁平成24年3月16日判決〔京都弁護士会事件〕（後述(2)）の登場以降，そこで示された対価性の判断基準がそれ以降の判決や裁決に多大な影響を与えてきたことは事実である。

　しかし，一方で，京都弁護士会事件の控訴審判決とほぼ同様の判断基準を採用した地裁判決を是としなかった高裁判決（ポイント交換事件控訴審判決）が現れており（後述(3)），司法判断における対価性の判断基準については，なお流動的である。

(2)　京都弁護士会事件控訴審判決

【裁判例】

○大阪高判平成24年3月16日〔京都弁護士会事件〕（税資262号順号11909）

> 　以上の制度趣旨及び消費税法の規定からすれば，本来，消費税は広く薄く課税対象を設定し，最終的に消費者への転嫁が予定されている税であるから，事業者が収受する経済的利益が，消費税の課税要件としての「資産等の譲渡（本件においては役務の提供）」における対価に該当するためには，事業者が行った当該個別具体的な役務提供との間に，少なくとも対応関係がある，すなわち，当該具体的な役務提供があることを条件として，当該経済的利益が収受されるといい得ることを必要とするものの，それ以上の要件は法には要求されていないと考えられる。

　本判決では，個別具体的な役務提供と経済的利益の間に対応関係（＝当該具体的な役務提供があることを条件として，当該経済的利益が収受されるといい得ること）があれば，対価性が認められるとしたものである（以下，これを「対応関係基準」と呼ぶ[17]。）。ただし，この対応関係基準をどのように理解すべきかについては議論がありうる[18]。

　なお，東京高裁平成26年6月25日判決（税資264号順号12493）は同判決と同じ争点の事案であり，同じく対応関係基準を採用している。すなわち，高裁レベルで2件，対応関係基準を採用した裁判例があるということになる[19]。

(3)　ポイント交換事件控訴審判決

　近年，対応関係基準を採用しない高裁判決が登場した。この事案の第一審判決[20]は，京都弁護士会事件控訴審判決と同様に，対応関係基準を採用していた。しかし，本判決では，その対応関係基準を用いず，役務提供の機会に金銭が授受されても，それも「無償取引」に該当すれば課税対象とはならない旨を判示している。これは，対価性の有無を，当該取引が有償取引か無償取引かによって決する手法であると思われる。

17　田中治教授は「条件付対応関係論」と呼称する（田中治「ポイント交換サービスの対価性の有無」TKC税研情報31巻6号（2022）101頁）。
18　因果関係説（因果関係基準）の立場に立つ酒井克彦教授は，同判決について「『『対価』の意味について，『対応関係』があることで足りるとしており，同判決が示すところは，上記において筆者が検討したところと同様」であるとする（酒井克彦「消費税法上の「対価」の意義―那覇地裁平成31年1月18日判決を素材として―」租税訴訟12号（2019）110頁）。一方で，谷口勢津夫教授は，「対価要件の趣旨・目的を消費税負担の転嫁の観点から理解した上で，その趣旨・目的に照らして対価概念の要素として役務との個別具体的な対応関係を要求したもの」と評している（谷口勢津夫「課税対象取引―納税義務者の検討も含めて」日税研論集70号（2017）255頁）。
19　対応関係基準を採用又は参考にしたと思われる裁判例として，那覇地判平成31年1月18日（税資269号順号13227），大阪地判令和元年12月13日〔ポイント交換事件第一審判決〕（税資269号順号13358）がある。
20　前掲注19・大阪地判令和元年12月13日は，「事業者が収受する経済的利益が資産の譲渡等に係る『対価』に該当するというためには，事業者によって当該資産の譲渡等が行われることを条件として，当該経済的利益が収受されるという対応関係があることが必要であると解される。」と判示した。

60

【裁判例】

○大阪高判令和 3 年 9 月29日〔ポイント交換事件[21]〕 (税資271号順号13609)

> 同法 2 条 1 項 8 号にいう「対価を得て」とは，資産の譲渡若しくは貸付け又は役務の提供に対して反対給付を受けることをいい，無償による資産の譲渡及び貸付け並びに役務の提供は資産の譲渡等に該当しないと解するのが相当である。
>
> 資産の譲渡若しくは貸付け又は役務の提供の機会に当事者間において金銭の授受がされた場合においても，当該金銭の授受が当該資産の譲渡若しくは貸付け又は役務の提供の反対給付としての性質を有さず，当該資産の譲渡若しくは貸付け又は役務の提供に係る取引それ自体が無償取引に該当するものと認められるときは，法令に特別の規定がない限り，当該金銭の授受は資産の譲渡及び貸付け並びに役務の提供の対価に該当せず，当該資産の譲渡若しくは貸付け又は役務の提供は消費税の課税対象とはならないものと解するのが相当というべきである。

　本判決は，対価性の有無を，当該取引の"有償性"の有無によって判断するもので，本書では一応「有償性基準」と呼んでおく。これは，当該取引の性質を検討し，無償取引とされれば課税対象から排除する（無償取引とされなければ有償取引として課税対象とする）というものと解される。

　もっとも，ここでいう「有償・無償」という概念が，民法上の契約類型の整理で用いられる「有償・無償」と同一概念であるかは不明である。もし，両者が異なる概念であるとすれば，ポイント交換事件のいう有償性基準は，消費税法上，課税対象とならない取引を無償取引と呼んでいるにすぎないことになり，基準としては役に立たない。

　この点，同判決では，消費税法施行令 2 条 1 項所定の行為について，国側が「資産の譲渡等に該当するが，解釈上の疑義が生じうるために確認的に規定したものだ」と主張したのに対して，「そのような解釈は文言上無理がある」と判示していることから，少なくとも同施行令に該当する行為は，本来，対価を得て行う資産の譲渡等に該当しない（消費税法の課税対象ではない）ものと考えているように思われる。

21　「ポイント交換事件」とは，筆者によるネーミングである。

　ここで，例えば，同項1号には，私法上の無償行為と解されている「負担付き贈与による資産の譲渡」が規定されているところ，これが対価を得て行う資産の譲渡等に含まれないのは負担と贈与の間に私法上の対価的牽連性がないからだとすれば，私法上の対価的牽連性がない取引（私法上の無償取引）は対価を得て行う資産の譲渡等に当たらないと理解されることになる。他方，負担付贈与が対価を得て行う資産の譲渡等に含まれない理由を，それとは別の，消費税法上独自の対価性基準を満たさないからだと考えると，私法上の有償・無償と消費税法上の有償・無償は必ずしもイコールではないことになる。

　私法上の有償取引では，例えば担保責任や（賃貸借における）借地借家法の適用など，有償性に見合った法的保護を受けることになる。したがって，取引における私法上の有償・無償性は，有償取引としての法的保護に値するかという観点から判断される。もっとも，無償契約であっても，それが負担付きである場合，その性質に反しない限り双務契約に関する規定が準用される（民法553条）ため[22]，例えば，ある資産の譲渡の原因が売買であるか負担付贈与であるかの区別は，私法上はそれほど問題とならない。

　これに対し，金銭の授受を伴う貸借の場合に，それが有償取引である賃貸借か無償取引である負担付使用貸借かは，借地借家法の適用を受けるかという点で決定的に異なるため，その区別が重要となるが，借地借家法によって賃借人は強く保護されるため，裁判所はそう簡単には有償性を認めない傾向にあるといえるだろう。特に価値の均衡が重視され，例えば，固定資産税相当額のみを負担するという貸借関係では，一般的な賃料額と比較して極めて廉価であるから，通常は有償性のある賃貸借とは認められないとされている。

　しかし，消費税法では，必ずしも資産の譲渡等の客観的価値と対価の額が同等であることは要求されていない。そのため，私法上の有償・無償の判断基準がそのまま消費税法のそれに使えるわけではなさそうである。そう考えると，消費税法の対価性と私法上の有償・無償とは，必ずしも同一概念ではないという余地もあるように思われる[23]。

22　負担付使用貸借についても，民法553条が準用されると解するのが通説である。

62

(4) **裁判例等に見られた課税庁側の主張**

　前記ポイント交換事件において，対価性について被告である国が主張していた内容をまず紹介する。

　国は，「対価を得て」とは，当該役務の提供がなければ当該経済的利益は収受されなかったであろうという条件関係があることが必要であり，かつ，それで足りるというべきである，と主張していた。ここで「条件関係」とは，「あれなければこれなし」という因果関係のことをいう。つまり，国の主張は，役務提供がなければ経済的利益は収受されなかったであろうという関係さえあれば当該経済的利益は対価であるというもので，対価性を認める範囲が極めて広くなる見解を主張していた。筆者はこれを「条件関係基準」と呼んでいる。

　しかし，この条件関係基準では，贈与に対する謝礼金や預金サービスに伴う預金の預入れのように，私法上およそ対価とはいえない場合についても対価性が認められうることになり，消費支出に課税する消費税の趣旨に照らして課税対象が広すぎるだろう。また，国税庁が通達やタックスアンサー等で対価性がないものとして例示する種々の取引についても，条件関係基準によるとそのほとんどが対価ということになり，整合性が保てないことが指摘できる[24]。

　その他，過去の裁判例等で対価性の判断について国が主張したものをいくつか紹介する（下線は筆者による）。

○大阪地判平成21年11月12日（税資259号順号11310）
（国の主張）

> 本件電化手数料が資産の譲渡等の対価に当たるか否かについては，名目のいかんにかかわらず，実質的に対価関係があるか否かによって判断されるべきである。

23　この点は，私法上無償契約とされる「負担付使用貸借契約」が課税取引かどうかという点に決定的な差異をもたらす。

24　ポイント交換事件においても，国の公表した処理例では，ケースによっては対価となる場合もそうでない場合もあると説明されている点について，条件関係基準では必ず対価となるはずであるとして整合性がない旨が判示されている。

○東京地判平成26年2月18日（税資264号順号12411）

（国の主張）

> 課税は，原則として私法上の法律関係に即して行われるべきであるから，……
> 本件金員が，会員資格の付与に対する対価なのか，宿泊ポイントを発行する対価
> なのかを判断するに当たっては，私法上の法律行為としての当事者間の契約内容
> を認定した上で，……原則として，対価の収受の原因となった契約内容を，その
> 法的形式に即して客観的に判断する必要がある。

○那覇地判平成31年1月18日（税資269号順号13227）

（国の主張）

> 本件共同管理費1が課税仕入れに係る支払対価に該当するというためには，そ
> れが本件管理組合からの役務の提供に対する反対給付として支払われたものであ
> ること，すなわち当該役務の提供との間に明確な対応関係が必要である。

　これらの裁判例における国の主張を見ると，少なくとも対価性に関する国の
主張は一貫していないことがわかる。上記平成21年大阪地裁の事案では，「実
質的」に対価関係を判断すべきと主張していたのであり，京都弁護士会事件や
ポイント交換事件における条件関係基準とは全く整合していない。さらに，共
同管理費の課税仕入れ該当性が争われた上記平成31年那覇地裁の事案では，
「明確な対応関係」が必要であると主張しており，対応関係に明確性を要求し，
役務提供と経済的利益の間の対応関係が明確でなければ対価性を否定するとい
う判断基準を採用しているのである。

　つまり，課税取引かどうか（当該経済的利益が課税売上げとなるかどうか）
が争点となる事案（京都弁護士会事件やポイント交換事件等）では，条件関係
基準を主張して広く対価性を肯定する主張をしつつ，課税仕入れ該当性（仕入
税額控除ができるかどうか）が争点となる事案では，逆に，明確性を要求して
対価性を狭くする方向の主張をしている。どちらが争点になる事案であっても，
対価性の判断基準は一致すべきものであるにもかかわらず，国の態度が一貫し

ていないことは，ダブルスタンダードと批判されても仕方がないといえよう。

4　学説に見る「対価」

　吉村典久教授は，「対価」性のメルクマールは，課税資産の譲渡等と給付（支出）との関連性，（特に役務の提供ということに限定すれば）「役務の提供と給付との関連性」であるという理解を前提として[25]，この関連性について，目的的関係と理解するか，それとも因果関係と理解するかの問題がありうるとする[26]。

　前者（目的的関係説）は，反対給付を得るために，あるいは反対給付を得る目的である役務を提供している場合にのみ，役務の提供と反対給付との関連性が認定されうると解する立場である。

　これに対して，後者（因果関係説）とは，ある役務が提供されたために，あるいは提供されたことにより反対給付がなされた場合に，役務の提供と反対給付との関連性が認定されうると解する立場である。

　因果関係説の立場は，反対給付と一般的・抽象的な役務の提供との関連性が存在するだけで対価性が認められる[27]，もしくは，消費税法においては役務の提供と反対給付との関係を殊更強調する必要はなく役務の提供と反対給付との関係は一般的・抽象的なもので十分である[28]，と主張する見解である。目的的関係説と比べて，因果関係説の方がより広く対価性を認めることになる。

　このほかにも，対価といえるためには少なくとも提供された役務と支給するものとが具体的に対応していなければならないとする見解[29]や，それぞれが提供する給付の間に個別具体的な，直接的な関連があるかどうかで判断すべきであるとする見解[30]，消費税に係る対価性の判定基準は，①役務の提供があらかじめ義務付けられたものではなく，市場における合意形成を基本とすること

25　吉村・前掲注16・402頁。
26　吉村・前掲注16・403頁。酒井克彦教授は，前者を「目的的関係説」と，後者を「因果関係説」と呼称している（酒井・前掲注18・96頁）。
27　吉村・前掲注16・402頁。
28　酒井・前掲注18・99頁。
29　三木義一「弁護士会が受領する負担金等の対価性」ジュリスト1448号（2012）125頁。
30　奥谷健「消費税における対価性」修道法学36巻1号（2013）116頁。

（任意性），②役務の提供とそれに対応した代金支払があること（関連性ないし結合性），③当該役務と当該代金が同等の経済的価値を持つこと（同等性）という三つの要素によるべきとする見解（以下「三要素説」という。）[31]などもある。

　ここですべての学説を網羅することはできないが，研究者の見解を整理すると，対価性を「因果関係」で判断する方向性の見解（以下では，これを「因果関係基準」と呼ぶ。）と，給付間における「因果関係」を超える具体的な関連性又は具体的な対応関係を要求する方向性の見解があるということになる。

5　「対価」の議論のまとめ

　以上を整理すると，「対価」の意義については，
●裁判例に見られた判断基準として，
　対応関係基準，有償性基準
●学説に見られるものとして，
　因果関係基準，目的的関係説，具体的関連性等を要求する見解，三要素説など
●国の主張に見られたものして，
　条件関係基準など（※国の主張は一貫していない）
がある（なお，これらの内容からすると，このうち「条件関係基準」が，対価性を認める範囲を最も広く解する見解である。）。

　対価性の判断基準については，裁判例や学説などでも統一的な見解はない状況といってよい。したがって，対価性の判断基準をどのように考えるかについては，議論の蓄積を待つほかないが，少なくとも，上記の条件関係基準を採用すると，「あれなければこれなし」という関係にある経済的利益の授受ならばすべてが「対価」となってしまい，消費支出に課税する消費税の趣旨に照らして課税対象が広くなりすぎることは明らかである。

　したがって，対価性が肯定されるためには，資産の譲渡や役務の提供と金銭の収受の間に，少なくとも「あれなければこれなし」という条件関係以上の関

31　田中治「消費税における対価を得て行われる取引の意義」北野弘久先生追悼論集刊行委員会編『納税者権利論の課題』（勁草書房，2012）562-563頁。なお，私見では，消費税法の解釈としては，三要素説は採り得ないと考える。

係性・関連性が必要と考えることになるが，どのような関係性があれば対価性が肯定されるかについては，「対価」の定義規定がない以上，個別事案に応じて，ケース・バイ・ケースで判断するほかない。

6　対価性の判断基準に関する若干の考察

(1)　客観的な「反対給付としての性質」の有無

消費税法2条1項8号にいう「対価を得て」とは，「資産の譲渡若しくは貸付け又は役務の提供に対して反対給付を受けることをいう」と解する点については，通達，裁判例，学説ともに概ね一致している。そこで，問題は，「ある経済的利益がどのような場合に資産の譲渡や役務の提供の『反対給付』といえるのか」という点にある。

消費税は，消費支出に担税力を見出す租税であるから，客観的に消費支出が存在するといえれば課税対象となると考えるべきであり，ある経済的利益の収受が行われた場合に，たとえ当事者が「これは反対給付（対価）ではない」と決めたとしても，客観的に見て当該経済的利益が給付に対する反対給付としての性質を有する場合には，対価に当たるというべきである[32]。裁判例でも，ポイント交換事件控訴審判決において，収受される経済的利益が「反対給付としての性質」を有するかという観点から対価性が判断されている。

(2)　「反対給付としての性質」と条件関係

どのような場合であれば「反対給付としての性質」が認められるのか。我が国の消費税は，付加価値税の性質を有する多段階一般消費税として，付加価値を生じさせる消費ないし消費支出に広く薄く課税するという趣旨で設計されたものであるから，商品・サービスと金銭が交換され付加価値が具体化したといえれば，課税対象としては十分ということになる。

32　例えば，「売買契約と同様の目的を達成するために，商品の贈与と金員の贈与を同時に行う」という例を形式的に見ると，いずれも贈与契約であるから課税取引ではないということになるが，それが実質的に売買契約としての性質を有すると認められる場合には，対価性が肯定される。

したがって，それ以上に，「収受される経済的利益が自由な市場における価格決定の対象になっている」という意味での任意性や，「資産の譲渡等と収受された経済的利益が同等の価値をもつこと」という意味での同等性など，付加価値の発生を前提とした上でさらに何らかの限定を加えることは，消費税法の趣旨に反するというべきだろう[33]。

また，専ら売手が反対給付を得る目的で資産の譲渡や役務の提供を行っているかという主観的な事情のみを基準とすることも，消費税法の趣旨に沿わないと思われる。

他方で，反対給付かどうかについて，「資産の譲渡等がなければ当該経済的利益を収受しなかったであろう」という仮定的消去法の公式に従った条件関係や自然法則としての因果関係のみで判断するのは，例えば，銀行の預金契約における預入金のように，常識的に見て対価とはいえないような経済的利益の収受[34]にも対価性を肯定する結果となりかねず，妥当な判断基準とは言い難い。

また，この基準では，資産の譲渡や役務の提供と経済的利益の収受に条件関係がある「運転手等に対するチップ」[35]や「政治資金パーティーを開催した際に受領する金銭」[36]のような，現在（一応）対価性がないと考えられている経済的利益についてもすべて課税対象ということになってしまうだろう。

もちろん，給付Xとは無関係に他方の給付Yがあるという場合を，「給付Yは給付Xの反対給付である」と評価することはできないから，「反対給付としての性質」には，その前提として上記のような因果的な条件関係が存在するものといえる。しかし，ここでの問題はあくまでも「反対給付としての性質」の有無である。条件関係は自然法則としての因果関係を示してくれるが，それ以上に給付の反対性を示すものではないし，課税対象としての付加価値の発生の

33　京都弁護士会事件控訴審判決は，「本来，消費税の課税対象は広く設定されることが予定されているのであって，法の定めにない，対象を限定するような何らかの要素が必要かどうかという点については慎重に判断する必要がある」としている。

34　「預金サービスの提供がなければ預入金を収受することはない」といえるから，預金サービスと預入金の収受との間には条件関係は存在するといえる。しかし，預入れが消費税法の課税取引となるという結論は受け入れ難いと思われる。

35　質疑応答事例「チップの支払」参照。

36　国税庁ホームページ「政治資金パーティーと適格請求書について」参照。

有無と直接的な関係はない。

　よって，「反対給付としての性質」の検討においては，このような条件関係を前提に，具体的な給付の性質が問われなければならない。ポイント交換事件控訴審においても，仮定的消去法の公式による条件関係を対価性の基準とするべきだという国の主張に対し，大阪高裁は，「（国の）主張するような条件関係が存するとしても，当該経済的利益が当該資産の譲渡若しくは貸付け又は役務の提供の反対給付としての性質を有さ（ない）……場合には，当該経済的利益の収受は資産の譲渡及び貸付け並びに役務の提供の対価には該当（しない）」と判示しており，条件関係があることと反対給付としての性質があることは，イコールではないとされている。

(3)　「価値の対応関係」という基準

　では，改めて，「反対給付としての性質」とは何を意味するというべきだろうか。

　日本の消費税法は付加価値税として設計されており，資産の譲渡や役務の提供等の「対価の額」を課税標準とする（消法28条1項）と同時に，当該資産の譲渡や役務の提供等に要する仕入れに係る消費税額を納税額から控除するものとしている（消法30条1項）。つまり，消費税法は，対価から仕入額を控除したものを付加価値とし，（実質的には，）これに課税するという制度であって，ここでは「対価」＝「仕入額＋付加価値」という図式が想定されている。

　この「仕入額＋付加価値」は，その製品やサービスの流通価値であり，金銭等の経済的利益と交換されることで購入者に移転する。つまり，購入者は，販売者から「仕入額＋付加価値」を受けるのと同時に，その裏返しとして，当該価値に応じた経済的利益を販売者に移転するのであり，消費税法はこの経済的利益を課税標準としているのである。

　このことからすると，「対価を得て」とは，「資産や役務の価値（＝仕入額＋付加価値）」を示す経済的利益を資産の譲渡や役務の提供等という給付と交換的に収受する（典型としては当該資産や役務の「価格」「料金」等で示される。）場合をいうと解することができる。したがって，収受される経済的利益が当該

資産や役務の価値に対応する関係が客観的に認められれば消費税の課税標準である「対価」に該当し，そうでなければ「対価」に該当しないというべきである。

この点，資産の譲渡や役務の提供等と収受される経済的利益の間に「あれなければこれなし」という条件関係すらない場合は，そもそも当該経済的利益がその資産の譲渡等の価値に対応するものと評価することはできないだろう。したがって，条件関係が否定される場合には，対価性（反対給付としての性質）が否定されることになる。

しかし，条件関係が肯定されたとしても，相互の給付間に価値の対応関係が認められなければ，付加価値税の課税標準となる付加価値を当該資産の譲渡や役務の提供等に見出すことができない。そのため，条件関係が肯定された場合であっても，当該経済的利益が資産や役務の価値に対応するものかどうかを別途検討しなければならないことになる。

⑷　価値の対応関係の観察

収受される経済的利益が資産や役務の価値に対応するものといえるかどうかは，当該資産の譲渡や役務の提供等の具体的な内容や状況による。

まず，一般論として，付加価値が当事者の対価の合意によって形成されるものであることからすれば，資産の譲渡や役務の提供等に対し，当事者が経済的利益をその対価として収受することに明確に合意している場合（当該資産や役務の価格として取引している場合等）には，それはすべて付加価値（資産や役務に見出された価値）を示すものとして「反対給付としての性質」を有するというべきだろう。

逆に，当事者が表面上，収受される経済的利益を対価には含めないと合意した場合でも，それが取引の趣旨や仕組みから客観的に見て，当該資産や役務の価値（仕入額＋付加価値）に対応するものと認められる場合は，当該経済的利益は，当該資産の譲渡や役務の提供等に対する「反対給付としての性質」を有するということになる。

例えば，商品Ａを売買するという場合，売主の仕入れた商品Ａの所有権と現実の支配の移転（引渡し）を受けるということが価値の源泉であるから，当事

者が商品Ａの代金として所有権の移転と交換的に収受するものとした経済的利益のうち，売主が商品Ａを取得するのに要した価値（原価相当額）も，その性質上，商品Ａの所有権の移転という価値に含まれ，これに対応する経済的利益の収受は「反対給付としての性質」を有するというべきことになる。

(5) 対価性検討の手法と類型化

以上をまとめると，「反対給付としての性質」の有無は，資産の譲渡や役務の提供等と経済的利益の収受の間に条件関係があることを前提に，当該経済的利益の価値が資産や役務の価値に対応するものといえるかどうかで判断すべきことになる。

したがって，経済的利益の収受がある場合の対価性の検討の順序としては，まず，①資産の譲渡や役務の提供等の検討対象となる「給付」が存在するかを検討し，②検討対象となる資産の譲渡や役務の提供等がある場合には，「それらの給付がなければ経済的利益が収受されないであろう」という条件関係があるかを検討し，③そのような条件関係が認められれば，当該経済的利益が資産や役務の価値に対応するといえるものかどうかを検討することになる。

① 資産の譲渡や役務の提供等の存否で判断される類型

そもそも，純粋な寄付金や贈与金のように，経済的利益を収受する者からの資産の譲渡や役務の提供等がおよそ存在しないような類型は，経済的利益に対応する対象となる給付が存在しないから，当該経済的利益を反対給付だとすることはできない。もっとも，消費税法のいう「役務の提供」は極めて広い概念であるため，何らかの労務性のある行為が事業者から提供されればそれらは一応すべて「役務の提供」たりうる[37]。そこで，当事者間で何らかの労務性のある行為が観察される場合には，次の②及び③の観点から価値の対応関係を中心に検討することになる。

---

37 何らかの労務性がある行為が提供された場合，それに対し「手数料」を収受すれば，基本的には役務の対価とされるだろうから，役務提供の存否は対価の有無とリンクするともいいうる。

②　条件関係の存否で判断される類型

　前述のように，資産の譲渡や役務の提供等の給付が存在する場合に，当該給付と経済的利益の収受が「あれなければこれなし」という条件関係を満たさない場合には，当該経済的利益が給付の価値に対応するものということはできないから，当該経済的利益は給付に対する反対給付としての性質を有さないものと考えられる。

　例えば，区分所有法上の共同管理費[38]や結婚式のご祝儀，弁護士会費等は，経済的利益を収受する者から役務の提供（管理行為，披露宴による飲食サービス，会館の利用等）がされなかったとしても，それぞれ別の根拠（区分所有法19条，祝事に対するお祝い，弁護士会規則等）に基づいて収受されるものであるから，条件関係は否定されると解される。

　ところで，対価性でいうところの「条件関係」は，通常，「資産の譲渡や役務の提供等がなければ当該経済的利益が収受されないであろう」という関係をいうが，反対給付とは相互交換的な関係であるから，「条件関係」には，上記とは逆の「当該経済的利益の収受がなければ資産の譲渡や役務の提供等がされないであろう」という関係も必要であるという考え方もありうるところである。条文としても，課税対象は「対価を得て行う」資産の譲渡や役務の提供等であるから，対価を得なくても行われる資産の譲渡等（経済的利益の収受がなければ資産の譲渡等がされないとはいえないもの）は，課税対象にはならないと解することができる。

　仮にそのように考えるならば，例えば，財布を拾ってもらった御礼（としての金銭）は，「財布を拾って届けるという役務がなければ御礼は収受されない」という条件関係はあるが，「御礼が収受されなければ財布は拾わない」という逆の条件関係は満たさない（だろう）から，条件関係がないものとして反対給付性を否定することができるだろう[39]。

---

[38]　前掲注19・那覇地判平成31年 1 月18日参照。
[39]　逆の条件関係を独立して取り上げなくても，条件関係を肯定した上で次の価値の対応関係の有無で判断すれば足り，いずれにしても結論は異ならないと思われる。

③　価値の対応関係で判断される類型(資産の譲渡等に起因して収受される場合)

　何らかの資産の譲渡や役務の提供等が行われることに起因して金銭等が収受される場合，給付と経済的利益の収受の条件関係は肯定されるため，当該収受される経済的利益の価値が資産や役務の価値に対応するものかどうかを判断しなければならない。

　ア　対応する価値が明確な場合

　収受される経済的利益が給付される資産や役務の価値に対応するかは，当該資産や役務の内容によるが，前述のように，資産や役務の価値にはそれを実現するために必要な仕入額が含まれているから，収受される経済的利益が何らかの実費相当額であっても，それが資産や役務の給付の価値を構成する「仕入れ」の価値に対応する場合は，当該経済的利益は資産や役務の価値に対応するものというべきである。

　例えば，飲食店での飲食サービスという役務の提供は，「レストランが仕入れた食材を調理して提供する（調理した食材を引き渡す)」というものであるから，仮にサービスの料金と食材の調達費用相当額を区分して収受したとしても，すべて飲食サービスの価値に対応する経済的利益として対価性が肯定されるだろう。

　逆に，収受される経済的利益が，給付によって提供される価値（仕入額＋付加価値）とは別の価値に対応するものである場合は，反対給付としての性質が否定される。例えば，依頼者が代理人の弁護士を通じて債権者である相手方に債務を弁済する場合，弁護士が役務として提供する価値は「依頼者に代わって弁済する」という労務であるが，弁護士がその弁済のために依頼者から収受する弁済金相当額は，依頼者の負う債務の弁済金であり，弁護士の労務の価値を構成しないというべきである。

　イ　対応する価値が不明確な場合

　一般論として，(特にビジネスの世界では)「人は対価を得なければ資産の譲渡や役務の提供を行わない」という経験則がある。そのため，資産の譲渡や役

務の提供等に起因して経済的利益の収受が行われる場合，当該経済的利益は，基本的に給付を受ける資産や役務の価値に対応するものではないかという推認が働く。つまり，当該経済的利益が，給付される資産や役務以外の価値に対応すると積極的にいえない場合は，広く資産や役務の価値に対応する経済的利益であると考えられる。例えば，特定の事業者から諸々のサービスを受けるために必要とされる定額の会費は，諸々のサービスあるいはそれらを受ける地位の設定以外に対応すべき価値が存在しないため，サービスやそれを受ける地位の価値に対応するものとして一般的には対価性が肯定されると思われる。

　ところで，もし，この経済的利益の収受が給付に対する反対給付でないとすれば，他に対価が存在しなければ，当該資産の譲渡や役務の提供等は「無償」で行われていることになる。そのため，価値の対応関係を否定するには，「人は対価を得なければ資産の譲渡や役務の提供を行わない」という経験則を覆すだけの根拠，つまり，当該資産の譲渡や役務の提供等が無償で行われることの合理的な理由が客観的に認められなければならないだろう。

　逆に，他に対価の収受がある場合は，当該資産や役務の給付は有償で行われる性質を有するものということになるから，これに起因して収受される経済的利益はすべて反対給付としての性質を有するのではないかという方向で見られる。そのため，当該経済的利益の反対給付性が否定されるには，それが給付される資産や役務の価値に含まれない「他の価値」と明確に対応しているといえることが必要である。

(6)　まとめ

　以上のように，経済的利益の収受が何らかの資産の譲渡や役務の提供等の反対給付としての性質を有するかは，当該経済的利益が給付される資産や役務の価値に対応するものといえるかで判断すべきだと考えられる。もっとも，価値の対応関係があるかどうかは評価の問題であるから，その具体的な判断方法としては，給付の具体的内容や性質，給付によって提供される価値等を総合的に検討する必要がある。

Study　「対価」の本質と対価性に関する主張のコツ

　本文で述べたように，対価性の意義や判断基準についての議論は錯綜しているが，一般的な感覚として，「有償の行為」よりも，「無償の行為」の方がイメージしやすいのではないだろうか。すなわち，ある経済的利益の収受の対価性が問題となった場合，それ以外に経済的利益の収受がないという場合においては，まずは「この取引は無償というべきか」を考えてみることが実務上有益であると感じる。

　本文で述べたように，ビジネスなどの公的な場面で何らかの資産の譲渡や役務の提供等が行われる場合，それを無償で行うのが通常であるとは言い難いから，それを無償で提供する合理的な理由（特別な理由）が客観的に認められ，それが社会通念や常識に沿うものかを問うてみると，より実践的で説得力のある結論を導くことができるように思われる。

　訴訟で主張する場合，学説に係る理論的な話よりも，このような経験則的な検証を展開した方が最終的には説得力がある，というのが個人的な感覚である。

第 4 章

ポイントサービスと
消費税（総論）

I　ポイントサービスの消費税を分析する視点

1　ポイントサービスにおいて消費税が問題となる場面

　ポイントサービスの消費税の課税関係を検討する場合，消費税の課否関係一般と同様に，当該ポイントサービスごとに，当該ポイントサービスの会員規約等から法律関係を個別に判断し，それを踏まえて問題となる取引ごとに消費税の課税要件を当てはめていくことになる。

　ポイントサービスに関して消費税の課税関係が問題となる場面は様々であるが，主として問題となるのは，次のような場面である。

(1)　ポイント付与の場面

　ポイントサービスにおいては，ポイントは会員が商品やサービスを購入したり，アンケートへの回答や関連サービス等への申込みを行ったりすることで運営会社から付与されるのが一般的である。

　消費税の課税関係を考える場合，まず，ポイントの付与という運営会社の行為が消費税の課税要件である「資産の譲渡」や「役務の提供」に当たるかが問題となる。

　その上で，通常，ポイントの付与にあたっては，会員から運営会社に対して金銭等の支払いはないため，それらが「対価を得て行われる」ものとはいえないように思われるが，例えば，アンケートへ回答することでポイントが付与される場面では，アンケートへの回答は個人情報という一種の情報財の提供という側面を持つため，これに経済的価値があるものとしてポイント付与の対価にならないかが問題となる。

　さらに，ポイントは，他社ポイントとのポイント交換によって付与される場合もあるが，その場合，他社ポイントという経済的価値を有するものと引換えにポイントが付与される側面を有することから，会員は他社ポイントという対価と引換えにポイントの付与を受けているのではないかという点が問題となり

うる。

　逆に，ポイントそれ自体が一定の経済的価値を有するものと考えた場合，会員の行う商品やサービスの購入やアンケートへの回答，関連サービス等への申込みなどの行為が「役務の提供」であり，ポイントの付与がその対価であるとして，会員が課税事業者の場合に当該会員において課税売上げが成立しないかも問題となる。同様に，例えば，会員が運営会社に対して資産の譲渡や役務の提供を行った場合に，その対価として運営会社の運営するポイントを付与するような場合，会員はポイントという対価を得てこれらを行ったといえるかも問題となりうる。

　なお，共通ポイントサービスの場合，運営会社が行うポイント付与に際して，加盟店から運営会社に対して「ポイント負担金」や「ポイント付与手数料」等が支払われるのが一般的であるが，そのような場合は，これらが何らかの対価としての性質を有するのかが問題となる。

　このように，ポイントが付与される取引の場面をどのように考えるかが，ポイント付与の課税関係の問題である。

(2)　ポイント使用の場面

　一般的に，会員はポイントを使用することで所定の特典を受けることができる。現在主流となっている特典の内容を大別すると，①景品やサービスの給付を無償で受ける景品交換と，②別途商品等を購入する際に購入代金に充当できる，代金の値引きを受けられる等，商品購入時の購入代金について何らかの利益の還元を受ける場合がある。

　まず，①については，会員は，運営会社や加盟店から，景品等として資産の譲渡や役務の提供を受けることになるが，ポイントが経済的価値を有する点に鑑みると，ポイントと引換えに景品等の給付を受けているものとして，これが課税取引に当たらないかが問題となる。

　次に，②については，商品等を購入するという取引それ自体は資産の譲渡や役務の提供に当たるところ，ポイントの使用によって本来支払うべき代金額が減少することから，ポイントの使用が当該取引の対価の額にどのような影響を

与えるものと考えるべきかが問題となる。特に，②については，ポイントが対価の形成に作用するもの（対価形成型），合意された対価の値引きを行うもの（対価値引型），合意された対価の弁済に利用できるもの（決済型）といったように，理論上，複数のパターンが考えられるところ（第1章Ⅳ3(2)②参照），それぞれの課税関係の異同に注意する必要があると同時に，具体的事案において，当該ポイントサービスをどの類型と評価すべきかが問題となる。

　なお，共通ポイントサービスの場合，会員が加盟店でポイントを使用すると，運営会社から加盟店に対して，当該使用ポイント数に応じて「ポイント精算金」等が支払われるのが一般的である。そのような場合，運営会社から支払われるポイント精算金等が何らかの対価としての性質を有するのか，ポイント精算金の法的性質と当該ポイントの特典内容との関係を含めて検討する必要がある。

Ⅱ　ポイントを付与する場合の課税関係

1　ポイントの付与が課税取引となるか

> **【事例1】**
> 　運営会社Xでは，会員がXから商品等を購入した際に，購入税別金額100円につき1ポイントが付与され，次回購入時の代金の支払いに1ポイント1円から利用できるとしている。運営会社Xは会員Aが税別10,000円の商品を購入したため，100ポイント付与した。

(1)　ポイントの付与と課税要件

　自社完結型のポイントサービスでも共通ポイントサービスでも，運営会社の会員に対するポイントの付与は，**事例1**のように，会員による運営会社や加盟店からの一定額の商品やサービスの購入，あるいは運営会社の求めるアンケートへの回答や他の関連サービスへの申込み，他社ポイントとの交換など，運営会社が定める一定の条件を満たした場合にポイントを付与するという設計に

なっていることが一般的である。

　このとき，もしポイント付与の契機となった取引が課税取引に該当する場合は，当該取引について課税されることは当然である。問題は，「ポイントの付与」という行為が，別途課税取引に該当するか否か（運営会社に何らかの課税売上げが生じるか）である。

　消費税は，事業者が国内で行う「資産の譲渡等」に課税される（消法4条1項）。この「資産の譲渡等」とは，「事業として対価を得て行われる資産の譲渡……並びに役務の提供」をいう（消法2条1項8号）。したがって，運営会社の行うポイントの付与が「資産の譲渡等」に該当する場合には課税取引となる。以下，各要件の該当性について検討する。

⑵　ポイントの付与は「資産の譲渡」か

　消費税の課税対象となる「資産の譲渡等」における「資産」とは，有形・無形を問わず，およそ取引の対象となるすべての資産を含み，「譲渡」とは，資産の同一性を保持しつつ他人に移転することをいう[1]。

　ポイントは会員規約等で自由に設計できるから，例えば，ポイントを独立した取引の対象となるようにして設計し，そのポイントの付与を，運営会社が事前に保有するポイントを会員へ移転するような設計にすれば，ポイントは「資産」として，その付与は「譲渡」に当たると解する余地は出てくる。

　しかし，現在の一般的なポイントサービスでは，ポイントは会員が特典を受けることができる地位を表章すること以上の意味を持たず，独立した取引対象としては設計されていないと考えられるため，「資産」には当たらないと解される。

　また，ポイントは運営会社が当該会員（及び一定範囲の承継者）に限って個別に保有を認める管理符号であり，運営会社がポイントを保有することは想定されておらず，一般的な会員規約ではポイントの譲渡はできないものとされている。このような設計から，一般的なポイントは，同一性を保って他人へ移転

1　消費税法基本通達5−2−1，金子宏『租税法〔第24版〕』（弘文堂，2021）815頁。

する性質を有しないものであり，「譲渡」を観念することができない[2]。

　したがって，運営会社から会員へのポイントの付与は，「資産の譲渡」には当たらないと解される。

(3) ポイントの付与は「役務の提供」か

　消費税の課税対象となる「資産の譲渡等」における「役務の提供」とは，各種契約等により労務・便益その他のサービスを提供することをいう[3]。消費税法は，広く取引に課税する制度であるから，労務性のある行為は広く「役務の提供」に含まれると解されている。そうすると，運営会社が行うポイントの付与という行為は，ポイントサービスの実施という労務性のある業務の一部として「役務の提供」に当たりうる。

　その場合，ポイントの付与という役務の提供が，次に見る「対価を得て行われる」ものであれば，ポイントの付与は課税取引ということになる。

(4) ポイントの付与は「対価を得て行われる」ものか

① 金銭等の支払いを伴わない一般的なポイントの付与

　もし，ポイントが金銭や電子マネー等と引換えに付与されるように設計すると，そのポイントが商品等の代金の弁済に使用される場合には資金決済法の適用を受ける可能性が生じる[4]。また，そのようなポイントが景品交換等に使用できる場合は，景品等はポイントを通じて有償で取得したものと評価されうる。そのため，現在の一般的なポイントは，金銭や電子マネー等と引換えに付与されるようには設計されていない。

　また，一般的なポイントサービスは，ポイントの付与や管理に至るまで基本

2　鍋谷彰男「消費税法上の「物品切手等」の範囲と決済手段の多様化を巡る諸問題について」税務大学校論叢86号（2016）457頁は，仮にポイントが「資産」に当たるとしても，移転されることはないからポイントを「資産」と認定する実益は乏しいとする。

3　金子・前掲注1・815頁。

4　資金決済法の適用においては，対価を得て行う符号の発行として前払式支払手段に該当すると解されている（高橋康文編著『新・逐条解説　資金決済法〔第2版〕』（金融財政事情研究会，2023）661頁（注10））。

的にすべて無償で実施され，例えば，会員がポイントを付与してもらうために（ポイントそれ自体の経済的価値とは別に）運営会社に事務手数料のようなポイント付与という事務行為に対して代金を支払うこともない（手数料を支払う場合，手数料はポイント付与という事務作業に対する対価となる。）。

　つまり，現在の一般的なポイントサービスでは，ポイント付与の際に会員と運営会社との間に金銭等の収受がない。したがって，ポイントの付与は「対価を得て行われる」役務の提供等には当たらず，ポイントの付与は無償行為として不課税と解される[5]。

②　アンケートへの回答等に伴うポイントの付与

　ポイントサービスは，運営会社が購買履歴やアンケート回答内容等の顧客情報を集積する手段として活用することもある。例えば，会員がアンケートに回答して情報を提供することで，運営会社からポイントが付与されるような場合がある。このような場合，個人情報の提供がポイント付与という役務の提供の対価に当たらないかが問題となる[6]。

　現在の取引通念上，アンケート回答のような個人単位での個人情報の提供が客観的・具体的な経済的な価値を有するものとは言い難いから，このような個人情報の提供は，取引における対価としての適格性（給付が消費税法上の対価たりうる性質）がないと思われる。当事者としても，通常は，この種の個人情報の提供は，ポイント付与の単なる前提条件にすぎないと認識していると思われ，情報の提供がポイント付与の反対給付としての経済的価値の給付とは認識していないだろう。

　したがって，現在のところは，このような個人情報の提供はポイント付与の対価ではないと解される[7]。ただし，今後，個人情報の取引財としての側面について議論が進めば，結論は異なってくるかもしれない。

5　鍋谷・前掲注2・455頁。
6　鍋谷・前掲注2・455頁。
7　野一色直人「経済のデジタル化・キャッシュレス化と消費税」租税法研究49号（2021）71頁参照。

③　関連サービスへの申込みに伴うポイントの付与

　例えば，「今，Aサービスに入会すると○○ポイントを付与します」というように，あるサービス等への申込みを誘引するためにポイントが利用されることがある。

　他のサービスへの申込みや入会行為は，その対象となるサービス（上記でいえばAサービス）を受けるために必要な行為であり，それを殊更に取り出して客観的・具体的な経済的価値について論じることができる性質のものではない。

　よって，これらの関連サービスへの申込みや入会行為それ自体が，経済的価値を有する給付としての性質を有するとはいえず，ポイント付与の対価ということはできない。

④　ポイント交換による（交換先）ポイントの付与

　ポイント交換によって交換先のポイントが付与される場合（ここでは，交換元・交換先ともに金銭等で購入できない一般的なポイントであることを想定する。），交換元ポイントと引換えに交換先ポイントが付与されるように見えることから，交換元ポイントが交換先ポイントの対価ではないかといわれることがある。

　しかし，ポイント交換では，交換元ポイントは，交換先ポイントの新規付与と同時に消滅するのが一般的であり，ポイント交換を行う会員が保有する交換元ポイントが交換先ポイントの運営会社に移転する（会員が交換先運営会社に交換元ポイントを渡す）ものではない。そのため，交換先ポイントの付与の反対「給付」は存在しない。

　また，ポイント交換の際には，交換元の運営会社から交換先の運営会社に対してポイント付与に係る経済的補填のためのポイント負担金等が支払われるのが一般的であるが，その金銭の支払いは，運営会社同士のポイント交換のための提携契約に基づき行われるものであり，会員が交換先運営会社に対し何らかの給付義務を負うものではないから，会員との関係においてその金銭を交換先ポイント付与の対価の支払いと見ることもできない。

　したがって，ポイント交換では，会員とポイントを付与する交換先運営会社

との間で対価の収受が存在せず，会員に対するポイントの付与に課税関係は生じない。

(5)　まとめ

このように，運営会社による会員へのポイントの付与は，「資産の譲渡」には当たらず，仮に「役務の提供」に当たるとしても，一般的には対価の収受がない無償行為であり，不課税と解される。

Study　ポイントは「物品切手等」や「支払手段」に"準ずるもの"か？

ポイントは，所定のポイント数が貯まると，景品等の特典を受けたり，商品等の購入時に現金のように決済に使ったりすることができることから，その性質論に関連して，ポイントを「物品切手等」（消法別表第二4号ハ）や「支払手段」（消法別表第二2号）に「準ずるもの」として，これらと同様に取り扱うべきだとする見解がある[8]。この理論は，主として，ポイント交換などポイントが流通しているように見える場面を非課税とすべきという文脈で登場するが，便宜上ここで触れておく。

まず，大前提として，ポイントは基本的に「証書」として存在せず，また，付与に際して会員の金員の拠出がなく資金決済法の前払式支払手段に当たらないから，「物品切手等」に該当しない。また，外国為替及び外国貿易法（外為法）における支払手段の定義や解釈等からして，ポイントは「支払手段」に該当しない。

そして，消費税法は広く資産の譲渡等一般を課税取引とする一方で，非課税となる取引を限定列挙するという構造を有しており，その上で資金決済法や外為法で定義される文言を直接引用している。このような消費税法

8　髙安満「マイレージサービスに代表されるポイント制に係る税務上の取扱い―法人税・消費税の取扱いを中心に―」税務大学校論叢58号（2008）57頁，EY新日本有限責任監査法人編『ポイント制度のしくみと会計・税務』（中央経済社，2021）86頁。

84

の構造や租税法律主義からすれば，法令上の明確な根拠なく単に効用が似ているからという理由だけで「準ずるもの」を創出して，限定列挙事由に該当しないものについて，限定列挙された非課税取引に係る規定を適用することはできないというべきである。

よって，ポイントは「物品切手等」や「支払手段」に「準ずるもの」と解することはできないし，これらに準じて消費税法の非課税規定を適用することもできないと解される[9]。

なお，ポイントには移転性がないので，仮に「準ずるもの」なる類型があると解しても，非課税取引となる「譲渡」自体が存在しないため，結局，非課税の規定は準用されない。

Study ポイントの付与は「物品切手等の原始発行」と同様か？

① 物品切手等と原始発行の理論

ポイントは条文上，物品切手等に該当しないが，ポイントの付与が「資産の譲渡等」に当たるかという問題について，物品切手等の原始発行に準じて結論を導こうとする見解がある。

消費税法における「物品切手等」とは，物品や役務の給付請求権を表彰する証書等をいい（消法別表第二4号ハ，消令11条），典型的には商品券，ビール券，プリペイドカードなどがこれに該当する。

この物品切手等それ自体の譲渡（二次流通）は非課税とされる（消法6条）。一方で，物品切手等の最初の発行・交付（一次流通）は，「原始発行」として不課税と解されている[10]。この「原始発行」の意味するところは必ずしも明らかではないが，一般的には物品切手に表彰される権利の

9　鍋谷・前掲注2・460頁。
10　質疑応答事例「商品券の発行に係る売上げの計上時期」，消費税法基本通達6-4-5参照。大島隆夫＝木村剛志『消費税法の考え方・読み方〔5訂版〕』（税務経理協会，2010）56頁。

「原始的な設定又は創設」であると説明される[11]。

　この物品切手等の一次流通（原始発行）が非課税ではなく不課税と解されるのは，次のような理由に基づく。すなわち，物品切手等の一次流通は，物品切手等の発行者が給付請求権を表彰する「証書」を作成し，これに対する代金相当額を収受して相手方に交付することから，形式的に見ると，二次流通と同様に物品切手等という「資産の譲渡」に該当するように見え，非課税取引となるようにも思える。しかし，その実質は，物品切手等に表彰される給付請求権を相手方のために設定又は創設する取引であり，表彰物の譲渡はその結果にすぎず，社会通念上，固有の取引対象としては観念されていない。したがって，これを物品切手等という「資産の譲渡」である二次流通と同様の取引と見ることは相当ではない。つまり，物品切手等の一次流通は，「資産の譲渡」としては課税対象とすべきではないとされる。

　この一次流通によって設定又は創設された権利は，将来，この一次流通で発行された物品切手等の行使によって給付が実現する。そうすると，当該給付に係る消費行為はその際に把握されるべきこととなる。したがって，一次流通の際に代金相当額の収受があったとしても，それは，将来実現される給付（消費行為）の対価としての性質を有するから，その消費行為が行われる前の権利の設定・創設の時点で対価として捉えるのは妥当ではない。比喩的にいえば，物品切手等の発行・交付は，将来の物品切手等が使用される課税取引の一部ということである。つまり，一次流通で授受された金銭は，将来給付請求権が行使された際に認識される対価の前受金（預り金）に相当するものであり，一次流通の場面では対価の収受はないものと考えられるのである[12]。

　以上のことから，物品切手等の原始発行は，それ自体を取り出して独立の消費として捉える必要性・相当性に乏しく，不課税と解されている（図表4−1参照）。

11　鍋谷・前掲注2・456頁。

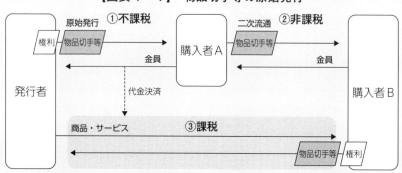

【図表４−１】 物品切手等の原始発行

①で収受される金員は③取引の決済行為。
③で消費を捉えて課税するから，①を独立の消費として捉える必要はない。

② ポイントの付与を原始発行の理論で説明する見解

　原始的なポイントは，スタンプカードのように（スタンプが貯まった場合に）物理的な証書としてその提示と引換えに特典を受けられるというものであった。このようなカードは「請求権を表彰する証書」として物品切手等に該当すると解される。しかし，現在のポイントサービスは電子的に管理されるのが一般的であり，それ自体が物品切手等の定義である「請求権を表彰する証書」とはいえないため，物品切手等に該当しない。

　もっとも，そのようなポイントでも，付与されたポイントが所定のポイント数に達すると何らかの特典を受けられる（つまり，何らかの給付的な請求権を取得しうる）ことから，ポイントはその請求権を表彰するものと捉え，物品切手等との類似性を肯定する余地が出てくる。この点から，ポイントの付与についても，物品切手等の一次流通と同様に，ポイントによって将来受けられる特典に係る「権利の設定又は創設」であることを根拠に，「ポイントの付与は原始発行であるから不課税である」と考える見解がある[13]。

12　物品切手等の原始発行においても，発行物や発行行為それ自体と直接に対応する金員の収受がされる場合，例えば，証書用紙の代金や事務手数料が別途収受される場合は，当該発行取引は設定される権利それ自体とは別個独立した課税取引になるのは当然である。

　この見解は,「ポイントは物品切手等に該当するものではないが, 物品切手等の発行の取扱いに係る趣旨を踏まえれば, 運営会社によるポイントの発行について, 物品切手等の発行と同様の取扱いをすることに特に問題はない」として, ポイントの付与は課税対象となるべき「資産の譲渡」や「役務の提供」に当たらず, そのため「ポイントの付与は原始発行により不課税」であると説明する[14]。

③　ポイントの付与を原始発行の理論で説明できるか

　ポイントの付与を物品切手等の原始発行と同様に考えると, 不課税という結論を導くことができる。しかし, この考え方には理論的な問題があるように思われる。

　そもそも「原始発行」という概念は, 前述のように, 非課税とされる「資産の譲渡」である二次流通との対比で用いられる概念であるから, 一般的に二次流通が想定されないポイントを「原始」発行かどうかで区別する意味はなく, 端的にポイント付与行為が「資産の譲渡等」に当たるかを問えば足りる。わざわざ難解で定義の曖昧な「原始発行」という用語を用いて説明する実益はない。

　理論的にも, たとえ, ポイントの付与を「権利の設定又は創設」だと考えたとしても,「権利の設定又は創設」それ自体が対価を得て行う役務の提供として課税取引とされることはありうる[15]から, それ故に直ちに不課税であるということにはならない。つまり, ポイントサービスに物品切手等と同じ前提条件が存在しなければ, 両者は同様には取り扱えないはずである。

　この点, 物品切手等の原始発行のロジックは, 前述のように, 発行に際して行われる「権利の設定又は創設」及びその表彰物の交付が, 後の給付取引の決済として機能する（発行時に収受される金銭は後の給付の対価の

13　鍋谷・前掲注2・456頁。
14　鍋谷・前掲注2・475頁。
15　タックスアンサーNo.6225「地代, 家賃や権利金, 敷金など」参照。

前払金等である）ことから，後の給付取引を課税対象である消費行為として捕捉することが相当であり，その給付の権利の設定それ自体やその表彰物の譲渡を独立して課税対象とする必要性・相当性がないことを根拠とするものである。つまり，設定・創設された権利に基づく有償取引の場面を課税対象とし，一次流通で収受される金銭はその決済の準備的行為と考えられるために，一次流通である原始発行は不課税となるのである。

　他方，現在の一般的なポイントサービスは，ポイントの付与に際して金銭を収受せず，またポイント使用時の効果も複数のパターンがあるから，ポイントの付与が将来の取引の決済準備行為であるとは直ちにはいえないように思われる。

　特に，（詳細は本書で後述するが，）景品交換の場合のポイントサービスでは，景品の給付は無償であり，また，ポイントが通常の販売価額を値下げする「対価を形成する機能」を有する場合では，ポイントが使用された分だけ決済すべき消費（対価）が消失するから，これらの性質を有するポイントサービスではそもそも将来の給付に係る「決済」が予定されない。つまり，このような，景品交換や対価形成型のポイントサービスで代金の全額にポイントが使用され対価がゼロとなる場合は，課税対象とすべき有償取引は存在しない。そうすると，物品切手等のように「後の給付行為を課税対象と捉えれば足りる」という理由も通用しないことになる。要するに，このようなポイントサービスでは，「将来の給付の決済準備行為であること」を根拠とする原始発行論は妥当しないのである。

　したがって，物品切手等とポイントサービスにおける取引関係・前提条件は同一とは言い難く，両者を同様に取り扱う論理的前提を欠く。

　以上からすれば，（立法論としてはともかく，）ポイントの付与の場面を物品切手等の「原始発行」と同様に取り扱うことには疑問がある。

Study　金銭等と引換えに付与されるポイントの課税関係

　本文で述べたように，ポイントを金銭や電子マネー等と引換えに付与できる設計にすると，そのポイントが商品等の代金の弁済に使用される場合には資金決済法の適用を受ける可能性がある[16]から，現在の一般的なポイントは，金銭等と引換えに付与しない設計となっている。

　もっとも，理論上は金銭等と引換えにポイントを付与するとする設計も可能であり，例えば，以前見られたような，カード等を購入して所定の手続を行うとポイントが付与される「ポイントギフトカード」は，実質的には金員を支払ってポイントが付与されるものと評価できる。

　これを形式的に見ると，ポイントの付与という役務の提供が対価を得て行われているように見えることから，金銭等と引換えに行われるポイントの付与は課税取引であるという考えもありうる。

　しかし，いくら消費税が取引ごとに課税要件を検討するべきものだとしても，＜金銭・電子マネー→ポイント→ポイント使用取引＞という一連の流れにおいて，何を消費行為として捉えて消費税を課すべきかという観点を無視しては適切な消費課税は実現しない。したがって，金銭等を収受して行うポイントの付与の消費税の課否は，ポイントの使用場面とセットで考えなければならないというべきだろう。

①　決済型の（代金の支払いに利用できる）ポイント

　決済（代金の支払い）に利用できるポイントの場合は，ポイント使用前の当初の代金額について課税取引が成立するから，ポイントの使用場面で消費を捕捉するのが相当である。そうすると，ポイント付与のために給付された金銭等は，当該消費行為の決済の「準備」にすぎないと解され，物品切手等の原始発行の理論と同様のロジックが当てはまる。したがって，

16　前掲注4参照。

金銭等と引換えに付与されるポイントが「決済に使用されるポイント」である場合は，当該ポイントの付与は不課税というべきである。

　なお，このポイントが景品交換にも使用できる場合，このポイントを使用して景品の給付を受けることは，事実上，ポイントを通じて金銭等と引換えに景品等を取得したことになるから，景品の交換時に消費が捕捉される（課税取引に該当する）と考えるべきであろう（課税標準は，景品等の時価ではなくポイントの購入レートが基準になる。）。

②　対価形成型・対価値引型のポイント

　ポイントが対価の形成や値引きに利用できる場合，ポイントが使用される取引では使用ポイント相当額について実質的に消費支出が消失する[17]から，ポイントが付与される場面で消費を捉えなければ，実質的に金銭等の支出と引換えに資産の譲渡や役務の提供等を受けているにもかかわらず，取引に係る全部又は一部の消費支出が捕捉されない結果となってしまう。

　例えば，10,000円の支払いと引換えに10,000ポイントの付与を受け，税込10,000円の商品の購入に際して10,000ポイントを値下げのために使用した場合，商品の購入は価額０円の無償取引となる。しかし，実質的には当初の10,000円で消費行為を行ったというべきであろう。このときに，ポイントの付与の場面を不課税と考えた場合には，消費の捕捉という観点から，決済型と同様にポイントが使用される場面を消費と捉えなければならないが，値下げや値引きと明記される取引を決済型と同様の課税取引と解するのは法律関係としては適切ではない。

　あえてポイント使用時において消費を捕捉する場合，例えば，「ポイントの使用時に『値下げ・値引きを受けられる権利』を有償で取得するのと同時に行使した」と考えることはできなくはないが，解釈論としては迂遠と思われるし，このポイントが景品交換にも利用できる場合は，「景品交

17　「値下げ」は値下後の額が課税売上げとなり，「値引き」は値引前の金額を課税売上げとした上で値引相当額の消費税額が調整されるという違いがあるが，実質的に消費支出が減少する点では同じであるため，ここでは便宜上同様に取り扱う。

換時に『景品の給付を受けられる権利』を有償で取得するのと同時に行使した」としてすべてが課税取引となるから，もはや決済型との実質的な違いがなくなってくる。したがって，ここでいう「値下げ・値引き」を忠実に理解する限り，ポイント付与時を消費と捉えるべきこととなる。

すなわち，このポイントは，後の取引で値下げや値引きを受けられる地位や権利を表章するものであるから，これらの地位や権利の設定を，対価を支払って受ける課税取引と理解することになろう。

③　ポイントを電子マネーに交換できる場合

決済型のポイントと対価形成型・対価値引型のポイントを区別して理解すると，これらのポイントが電子マネーに交換される場合に結論を異にする可能性がある。

すなわち，あくまでも机上の設例としてではあるが，これらのポイントが電子マネーと交換できる場合，＜金銭→ポイント→電子マネー→電子マネーを使用する取引＞という一連の流れが想定される。

この点，決済型のポイントでは，ポイントを使用して電子マネーの交付を受けることは，チャージすべき金銭の支払いに代えてポイントを充当するものといえるから，通常の金銭をチャージして電子マネーの交付を受けることと同様に取り扱うことができるだろう。金銭のチャージは将来の決済の原資の拠出であり対価性がないと解されるから，この場合も不課税と考えられる。そうすると，結局，後に当該電子マネーを使用する取引においてのみ消費が捕捉されることになる。

これに対し，対価形成型・対価値引型のポイントでは，上記のようにポイント付与時に消費支出行為を見出すため，ポイント付与時と電子マネーを使用する取引の二段階で消費が捕捉されることになる。これは一見アンバランスなように見えるが，それは金銭等と引換えに付与されるポイントの性質（決済準備行為か，権利の設定か）が異なることの帰結であるから，やむを得ないと思われる。

92

【図表4－2】　金銭等と引換えに付与される場合のあるポイント（まとめ）

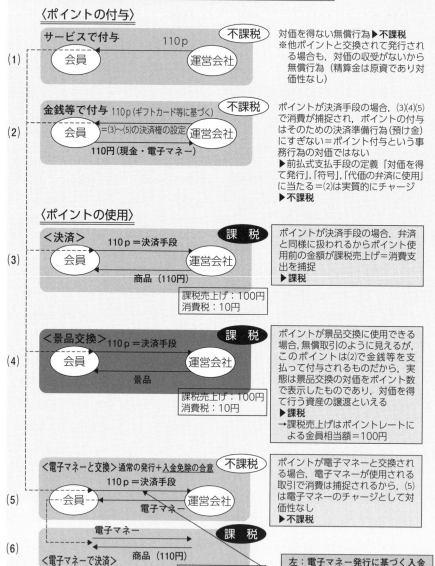

【対価形成型・対価値引型】：ポイント付与の場面で消費を捕捉するパターン

〈ポイントの付与〉

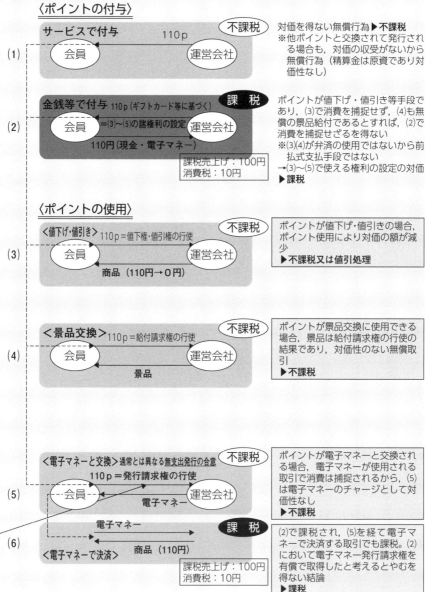

(1) サービスで付与　110p　　不課税

対価を得ない無償行為 ▶不課税
※他ポイントと交換されて発行される場合も，対価の収受がないから無償行為（精算金は原資であり対価性なし）

(2) 金銭等で付与　110p（ギフトカード等に基づく）　課税
会員　＝(3)〜(5)の諸権利の設定　運営会社
110円（現金・電子マネー）

課税売上げ：100円
消費税：10円

ポイントが値下げ・値引き等手段であり，(3)で消費を捕捉せず，(4)も無償の景品給付であるとすれば，(2)で消費を捕捉せざるを得ない
※(3)(4)が弁済の使用ではないから前払式支払手段ではない
→(3)〜(5)で使える権利の設定の対価
▶課税

〈ポイントの使用〉

(3) ＜値下げ・値引き＞　110p＝値下権・値引権の行使　　不課税
会員　運営会社
商品（110円→0円）

ポイントが値下げ・値引きの場合，ポイント使用により対価の額が減少
▶不課税又は値引処理

(4) ＜景品交換＞　110p＝給付請求権の行使　　不課税
会員　運営会社
景品

ポイントが景品交換に使用できる場合，景品は給付請求権の行使の結果であり，対価性のない無償取引
▶不課税

(5) ＜電子マネーと交換＞通常とは異なる無支出発行の合意　　不課税
110p＝発行請求権の行使
会員　運営会社
電子マネー

ポイントが電子マネーと交換される場合，電子マネーが使用される取引で消費は捕捉されるから，(5)は電子マネーのチャージとして対価性なし
▶不課税

(6) 電子マネー　　課税
商品（110円）
＜電子マネーで決済＞

課税売上げ：100円
消費税：10円

(2)で課税され，(5)を経て電子マネーで決済する取引でも課税。(2)において電子マネー発行請求権を有償で取得したと考えるとやむを得ない結論
▶課税

94

すなわち，前述のように，決済型のポイントは決済手段として機能するものであるから，金銭等と引換えに行われるポイントの付与は，金銭等を原資とする決済準備行為である。よって，これが電子マネーと交換される場合，電子マネーの発行に必要なチャージがポイントを通じて決済されていると理解できる。

しかし，対価形成型・対価値引型のポイントでは，ポイントは法的地位又は権利（の表章）である。したがって，このポイントを使用して電子マネーの発行を受ける場合，ポイントはチャージという性質ではなく，「金銭の拠出なしに電子マネーを発行してもらう地位・権利の行使」としての性質を有するものと解され，その設定を受けることは役務の提供に当たるから課税取引と理解できる。その意味では，このポイントを有償で付与する取引と，そのポイントを使用して発行された電子マネーを使用する取引とは，消費の一連性がなく，別個独立の消費である（よってそれぞれの段階で消費課税の対象となる）と考えることになる。

このように，金銭等と引換えに付与されるポイントが，決済手段としての性質を有するか，何らかの給付を受ける地位・権利としての性質を有するかによって，金銭等と引換えにポイントが付与される場面の消費税の課税関係が異なりうるように思われる。

2 ポイントの付与が取引の「対価」となるか

【事例２】
① 課税事業者である会員Ｙは，運営会社Ｘに対し，自社の所有する商品を譲渡することとし，運営会社Ｘはその対価として自社の展開するポイントサービスのＸポイントを10万ポイント付与することとした。
② 運営会社Ｘでは，会員がアンケートに回答すると1,000ポイント付与されるキャンペーンを実施している。課税事業者である会員Ｙは，運営会社Ｘのアンケートに回答して1,000ポイントを付与された。

③　運営会社Xでは，会員が関連サービスへの申込みを行うと，今だけ1,000ポイントプレゼントするというキャンペーンを行っている。課税事業者である会員Yは，関連サービスへの申込みを行い，1,000ポイントを付与された。

(1)　取引の対価としてポイントを付与する場合

「ポイントの付与の課税関係」というと，ポイントの付与が対価を得て行う資産の譲渡や役務の提供等として運営会社の課税売上げが生じるかという観点から論じられるのが一般的である。

では，その逆はどうだろうか。つまり，会員が運営会社に対して資産の譲渡や役務の提供等を行い，これによって会員が運営会社からポイントの付与を受ける場合，ポイントの付与は当該取引の「対価」に当たるだろうか。

前述のように，「対価」は必ずしも金銭である必要はなく，「その他経済的な利益」も対価に含まれる（消法28条1項）。ポイントは会員の特典を受けられる権利・地位を表章する符号であり，ポイントを付与することは，少なくとも抽象的には会員の運営会社に対する特典を受ける権利・地位の設定としての性質を有する。ポイントの保有に具体的に経済的価値が認められるかはケース・バイ・ケースであるが，1ポイント1円で購入代金の支払いに利用できるポイントのような場合では，ポイントの保有それ自体に具体的な経済的価値が認められると解されるだろう。そうすると，取引の反対給付としてこのようなポイントを付与する場合，ポイントの付与は，「対価として収受し，又は収受すべき一切の……経済的な利益」に該当すると解される。

そうすると，例えば，**事例2**の①の取引は，会員Yがポイントという対価を得て行った資産の譲渡として課税取引となると解される。対価の額は，運営会社のポイントの客観的な経済的価額ということになろう（消法28条1項）。当然，運営会社にとっては，当該取引は課税仕入れとなる。

(2)　アンケートへの回答に対してポイントを付与する場合

他方，より一般的に見られる**事例2**の②のような場合，一見すると，会員がポイントという対価を得てアンケートへの回答という役務の提供を行ったもの

として課税取引に当たるようにも思えるが，ここでのポイント付与はアンケートの回答への儀礼的謝礼としての意味合いが強く，ポイントの付与がアンケートの回答という役務の価値を表章するものとは言い難いから，対価性が否定されると考えるべきである。

また，課税対象となる役務の提供がいかに広い概念であるとしても，取引の対象としての適格性を有さないあらゆる行為まで含むものではないだろう。アンケートへの任意の回答は，現在の社会通念上，取引の対象としての役務の提供行為であると認識されているとはいえないように思われる。そのため，取引対象としての性質を有さず，役務提供性が否定されると考えることも可能である。

したがって，この場合のアンケートへの回答は，課税取引には該当しないと思われる。

(3) 関連サービスへの申込みの誘引としてポイントを付与する場合

また，事例２の③のような場合も，一見すると，会員がポイントという対価を得て関連サービスへの申込みという役務の提供を行ったように見えるが，②と同様に，ポイントは謝礼や特典としてプレゼントされる性質のものというべきであり，関連サービスへの申込みの価値に対応するものではないから，対価性がないと解される。また，関連サービスへの申込みという行為は，関連サービスを受けるための行為にすぎず，それ自体が消費の対象としての役務提供としての性質を有するとはいえないから役務提供性が否定されると考えることもできるだろう。

よって，このような場合も，課税取引には該当しない。

(4) 今後どのように発展するか

以上の事例は，いずれも運営会社がポイントを付与する場面を想定したものであるが，現実には，運営会社が特定の会員に対して，ポイントを付与して資産の譲渡や役務の提供等を受けることは一般的ではない。

しかし，ポイントの通用力が大きくなると，自社の信用力を背景に，ブラン

ド戦略としてポイントを実質的な自社通貨のように利用することも起こるかもしれない[18]。その場合の課税関係は具体的事案において個別に判断される必要があるが，その際，消費税法における「役務の提供」とは何か，「対価」とは何かが改めて問われることになるだろう。

Ⅲ　ポイントを使用する場合の課税関係

1　ポイントサービスを類型化して検討する意義

　ポイントサービスでは，会員がポイントを使用すると所定の特典を受けることができる。しかし，具体的にどのような特典が受けられるかは，各ポイントサービスによって異なる。そのため，ポイントを使用する場面の課税関係は，ポイントを使用することで具体的にどのような特典を受けるかによる。

　従来のポイント使用時の課税関係に関する議論は，多種多様でありうるポイントサービスをひとまとめにして論じてきた傾向がある。そこでは，特に，商品等の購入時に使用できるポイントサービスについて，「値下げとして機能するものである」，「値引きとして機能するものである」，「債権債務の精算として機能するものである」など，特定の性質を有することが所与の前提であるかのように捉えられ，論者によってその内容も様々であった。繰り返しになるが，ポイントサービスは多種多様であるから，ポイント使用時の課税関係は，それぞれの効果や機能ごとに個別に判断すべきである。

　もっとも，これまで見てきたように，現在のポイントサービスは，設計内容によってある程度類型化することが可能である（第1章Ⅳ参照）。そこで，本書では，まず，ポイント使用時の特典内容の類型ごとに課税関係を検討する。その上で，具体的なポイントサービスがどの類型に属すると評価すべきかの一応の判断要素について記載する。

18　余談であるが，執筆時現在，プロ野球の東北楽天ゴールデンイーグルスでは，ヒーローインタビューを受けた選手には，金一封に代えて10万円相当の楽天ポイントが付与されることで有名である。

2　景品等との交換時の使用

> **【事例1】**
> ①　運営会社Xのポイントサービスでは，会員が100ポイント貯めると，ポイントを商品Aと交換できるとしている（100ポイントは消滅する）。会員Yは，100ポイントを使用して運営会社Xから商品Aを取得した。
> ②　①のポイントサービスで，会員が200ポイント貯めると，運営会社Xから1回無料でサービスを受けられるとしている（200ポイントは消滅する）。会員Yは，200ポイントを使用して運営会社Xから無料でサービスを受けた。

(1)　景品交換に使用できるポイントサービス

　ポイントサービスの代表的な特典内容として，所定のポイント数が貯まると，ポイントの使用と引換えに商品やサービスを無償で給付するというものがある。これは，一般的には「景品等と交換できる」と表現されることから，本書でも適宜その表現を用いる。もっとも，実際には，景品等の給付と同時に運営会社が当該会員の保有ポイントを消滅させているから，「引換え」や「交換」という言葉は慣用的なものであり，法的な意味があるわけではない。

(2)　ポイントが景品等と交換される場合の法律関係

　ポイントが景品等と交換される場合の運営会社と会員の法律関係は，会員規約等の規定に基づき決まる。例えば，会員が所定のポイントを貯めると，当然に特定の景品等の給付が受けられると規定されている場合は，原則として所定のポイントが貯まった時点で，会員は運営会社に景品等の給付を請求する権利を取得する。

　他方，所定のポイントが貯まった場合には，会員がポイントを使用して景品等の給付を受ける意思表示をすることで会員が景品等の給付を受けられることとされている場合は，所定のポイント数が貯まり会員が具体的な景品の種類を特定して給付を受ける意思表示をすることにより当該景品等の給付請求権を取得すると解される。

⑶　ポイントによる景品交換の課税関係

　ポイントが景品交換に使用される場合，運営会社は会員に対して景品等を給付することになるが，この運営会社から会員への給付は，原則として「資産の譲渡」や「役務の提供」に該当するため，当該景品等の給付が課税取引となるか否かは，当該給付が「対価を得て」行われたかどうかで決まる。

　この点，ポイントサービスにおけるポイントには，少なくとも抽象的には何らかの経済的価値があると考えられていることから，ポイントが当該景品等の給付の対価となるようにも思える。

　しかし，ポイント付与（本章Ⅱ参照）で論じたように，消費税法の「対価」とは，「収受」される性質のものであることが必要と解される。一般的なポイントは，運営会社からの特典として無償で会員に付与されるものであり，ポイントサービスの会員規約等に基づき景品等の給付を受けられる権利・地位を表章するものとして，運営会社が当該会員（及び一定の承継者）に限り保有を認める管理符号にすぎない。会員がポイントを使用すると，運営会社の管理において当該会員が使用した分の保有ポイント情報を消滅させるが，運営会社自身が会員からポイントの移転を受けるものではない。つまり，景品等の給付のためにポイントが使用されても，会員から運営会社に対しポイントが「収受」されることはない。したがって，この場合のポイントの使用は「対価」に該当しない。

　以上から，ポイントを使用して景品等の給付を受ける場面は，対価を得ない無償取引として不課税ということになる。

Study 金銭等と引換えに付与されるポイントが 景品交換に使用される場合

　本文では，金銭等と引換えに付与されない一般的なポイントを前提とし
たが，仮に金銭等と引換えに付与されるポイントが景品等との交換に使用
される場合には課税関係の考え方が変わるのだろうか。

　景品交換に使用されるポイントが金銭等と引換えに付与されうる設計と
なっている場合，会員規約等に「無償で景品と交換できます」等と記載さ
れていても，その実質は，ポイントを通じて景品等を有償取得したと評価
できる。つまり，金銭等によってポイントの付与を受け，当該ポイントを
使用して景品等を取得するという一連の行為は，実質的な有償取引として
課税対象となると考えられる。そうすると，＜金銭等→ポイント→景品＞
という一連の取引のどこかで消費を捕捉するべきこととなる。詳細は，
「Study　金銭等と引換えに付与されうるポイントの付与の課否」を参照
されたい。

Study 電子マネーとの交換

　ポイントは，当該ポイントサービスの運営会社が展開する電子マネーと
交換できる場合がある。細かく考えると，この場合には二つの法律構成が
考えられる。

　一つは，景品交換と同様，会員は特典として，無償で電子マネーの発行
を受けられるとするものである。本来，電子マネーの発行は対価[19]となる
金銭を支払って行われる（チャージと呼ばれる。）が，ポイントと交換さ

19　ここでいう「対価」は，資金決済法に規定する「対価」であり，必ずしも消費税法上の「対
　価」とは一致しない。

れる電子マネーについてはチャージすることなく発行されるものと考える。

　もう一つは，電子マネーの発行に必要なチャージに係る金銭の払込みにポイントが充当されるとするものである。この場合，電子マネーの発行は通常どおり対価を伴って行われるが，その払込みを実質的には，会員に代わって運営会社が行うと考える。

　この電子マネーとの交換を消費税の観点から見ると，前者の考え方だと，電子マネーの発行は対価を得ない役務の提供として不課税ということになるが，後者の考え方だと，電子マネーの発行は（運営会社の拠出による）原始発行として不課税ということになる。いずれにしても不課税という結論には異ならないが，説明の仕方が異なることになる。

3　商品等の購入時の使用（総論）

⑴　商品等の購入時に使用できるポイントサービス

　現在では，ポイントの使用範囲の充実や会員にとっての利便性の向上という観点から，会員が運営会社から商品やサービスを購入する場合に，例えば，使用ポイント相当額について表示価額から「値引き」されるとしたり，表示価額の代金の「支払いに充当できる」としたりするなど，購入する商品等の代金額についてポイントを使用できるとするポイントサービスが広く普及している。

　使用したポイントが購入代金にどの程度影響を与えるか（例えば，1ポイント＝1円相当や，100ポイントで代金の10％相当額など）は，各ポイントサービスによって異なる。

⑵　商品等の購入時に使用できるポイントの課税関係の論点

　商品等の購入時に使用できるポイントサービスでは，ポイントが使用される前提として，ポイント使用の対象となる課税取引が存在する。商品等の購入時に使用できるポイントに関する消費税の課税関係の論点は，「課税取引となる取引にポイントが使用されると，当該取引の課税関係はどう変化するか（変化しないか）」という点にある。

　すなわち，商品等の購入時に使用できるポイントサービスでは，会員が商品等の購入に際して支払うこととなる代金額の全部又は一部が，通常の表示価額から減少することになるが，この場合に当該取引の対価の額（課税売上げ）はいくらとなるのかが問題となる。

　この問題は，実務的な感覚と並行して，消費税法の「対価の額」をどのようなものとして考え，またそもそも消費税の課税対象であり担税力の根拠である消費支出をどのように考えるのかという点に関わる問題でもあり，なかなか複雑である。

(3)　従来の議論における諸見解

　商品等の購入時に代金に対してポイントが使用された場合の課税関係をどのように考えるべきかについては従来から議論があり，代表的な見解としては，以下のようなものがある。

①　対価の形成（値下げ）とする見解[20]

　ポイントが使用されると，その分だけ会員は対価を支払う必要がなくなり，ポイント使用相当額の消費支出が存在しなくなるといえることから，運営会社と会員との間には，ポイント使用後の金額を対価の額とする取引が成立すると考える。

　この考え方によれば，ポイントが使用されると，通常の表示価額にかかわらず，ポイント使用の結果を踏まえた（ポイント使用後の）金額が正式な対価の額となる。したがって，ポイントは取引の対価の額を形成するために機能し，その結果，運営会社はポイント使用後の金額を課税売上げとして認識する。

②　対価の値引きとする見解[21]

　従来，景品表示法の分野では，ポイントによる支払代金の減少は実質的に値

20　この見解を採ると考えられるものとして，佐藤修二「共通ポイントと消費税」税経通信74巻12号（2019）9頁（ただし，共通ポイントの事例），錦織康高「弁護士のための租税法務　消費税と決済手段」ジュリスト1551号（2020）74頁。

引きであると解されてきたことや，ポイントが使用されると会員が実際に支払う代金の額が減少することを重視すべきことを踏まえ，ポイントは通常の販売価額を値引きするものと考える。

　この考え方によれば，ポイントが使用されると，通常の表示価額で課税取引が行われることを前提に，当該取引の対価の額について使用ポイント相当額が別途値引きされることになる。その結果，運営会社は，通常の表示価額（ポイント使用前の価額）の課税売上げを認識し，ポイント使用による値引きは原則として「対価の値引き」（消法38条1項）として処理される（ただし，実際の処理については後述する。）。

③　対価の決済方法とする見解[22]

　会員規約等の文言や実際のオペレーションを踏まえ，ポイントは，それが使用される取引の代金の支払いに充当されるものと考える。

　この考え方によれば，運営会社と会員との間には，ポイントの使用にかかわらず，通常の表示価額（ポイント使用前の価額）の課税売上げを認識し，ポイントの使用はその代金債務について現金に代わる決済（精算）方法として機能するにすぎず，金銭での弁済と同様に取り扱われ，特段の課税関係は生じないことになる。

(4)　商品等の購入時に使用できるポイントの性質をどのように考えるべきか

　このように，商品等の購入時に使用できるポイントの性質については，議論の一致を見ない。では，上記の議論を踏まえ，このポイントの性質についてどのように考えるべきだろうか。

　結論としては，どれも正しく，どれも正しくないということになる。というのも，ポイントサービスは多種多様に設計できるから，ポイントが対価を形成するもの（値下げを実現させるツール）として機能するように設計すれば，当

21　朝長英樹「ポイント制度における消費税の取扱いの検証」TKC WEBコラム特別寄稿（2021）参照（ただし，共通ポイントの事例）。

22　鍋谷・前掲注2・463頁（ただし，共通ポイントの事例）。

該ポイントの課税関係は①の考え方で捉えるべきであり，ポイントが対価を値引きするものと設計すれば②の考え方で捉えるべきであり，ポイントを決済手段として設計すれば③の考え方で捉えるべきことになるからである。

ポイント使用時の効果や機能は，顧客に対するサービスとして何を提供するかというポイントサービスの根幹であり，特に設計の自由度の高い部分である。そのため，運営会社がポイントサービスによって何を実現しようとするかによって，その法律構成も多様となる。同じように「会員が商品等を購入する際の経済的負担を減少する」ことを特典内容として実現しようとしても，その方法には様々な設計がありうるのである。

したがって，「商品等の購入時に使用できるポイントの課税関係は？」という抽象的・一般的な問いの立て方が誤りなのであって，商品等の購入時に使用できるポイントという一事をもって，特定の課税関係を導くことはできないということである。

以上からすれば，商品等の購入時に使用できるポイントの課税関係は，当該ポイントサービスがどのような機能を有するものとして設計されているかをもとに個別具体的に判断しなければならない。

⑸　商品等の購入時に使用できるポイントの類型化

商品等の購入時に使用できるポイントを消費税の課税関係という観点から分析すると，現在のところ，その機能（設計内容）に照らして以下の三つに分類することが可能である。

---

❶　対価形成型
　ポイント使用後の金額を対価の額とする取引が成立するポイントサービス
❷　対価値引型
　ポイントの使用が成立した課税取引の対価の値引きとして機能するポイントサービス
❸　決済型
　ポイントが成立した課税取引の対価の決済手段として機能するポイントサービス

---

①　分類の視点１：課税売上げ（対価の額）に影響を与えるか

　消費税の課税標準は，課税取引において売主が収受し，又は収受すべき「対価の額」（消法28条１項）であり，これは客観的な時価ではなく当事者の合意によって形成される金額をいう[23]。

　商品等の購入時に使用されるポイントを，取引の「対価の額」を算出するためのもの，つまり対価の形成ツールとして設計した場合，ポイントの使用によって正式に当該取引の「対価の額」（課税売上げ）が決まる。

　他方，ポイントを「対価の額」の形成ではなく，当事者で合意した対価を別途減額するものとしたり，当事者で合意した対価の額に係る代金債務の決済手段として設計したりした場合は，当該ポイントは課税売上げとしての「対価の額」には影響を与えない。

　したがって，ポイントが取引の「対価の額」に影響を与えるかという観点から，ポイント使用後の金額を対価とする課税取引が成立する❶対価形成型と，ポイント使用前の通常の表示価額による課税取引が成立する❷対価値引型及び❸決済型に分類することができる。

②　分類の視点２：代金支払義務の消滅の根拠は何か

　上記のように分類した場合，そもそもポイント使用後の金額を対価の額とする合意が成立する❶対価形成型では，私法上の観点からもポイント使用後の金額についての代金債権が発生するにすぎない。

　他方，ポイント使用前の金額を対価の額とする課税取引が成立する❷対価値引型と❸決済型では，観念的にはポイント使用前の金額についての代金債権が発生することになる。

　そこで次に問題となるのは，ポイントの使用がいかなる理由により会員の代金支払義務を消滅させるのか（使用ポイント相当額について会員による代金の支払いが不要となるのはなぜか）である。

　取引から生じる代金の支払義務が消滅する場合には様々なケースがあるが，

23　消費税法基本通達10－１－１参照。

一般的には，代金額そのものが減額されるパターン（例えば，取引条件の変更や代金減額請求権の行使等）と，当該代金額を前提にその充足等によって消滅するパターン（例えば，弁済や免責等）に区別できる。したがって，ポイントが課税取引から生じる会員の代金支払義務を消滅させるものとして機能する場合も，その実体法的な意義は上記のいずれかに区別できる。

ポイントが，当事者の行った課税取引の「対価の額」を，ポイントサービスという契約（合意）に基づいて減額させるものである場合，その実体法的意義は，「1度合意した代金額に関する減額の合意」ということになる。このような性質を有するポイントサービスが❷対価値引型に分類される。

他方，ポイントが，会員の支払うべき代金の弁済方法の一つとして取り扱う（弁済したものとみなす）ものである場合，その実体法的意義は，「代金債務に関する弁済内容（又は免除）の合意」ということになる。つまり，ポイントサービスという合意に基づき，会員によるポイントの使用をもって代金の弁済があったものと同様に取り扱うということになる。このようなポイントサービスが❸決済型に分類される。

このように，商品等の購入時に使用できるポイントサービスは，そもそも何を取引の「対価の額」とすることに合意するものか（いくらの課税売上げが成立するか）という観点と，会員が代金の全額の支払いをしなくて済む根拠は何かという観点から分類して整理することができる。したがって，商品等の購入時に代金に対して使用できるポイントサービスについては，上記のいずれの類型に該当するかを判断して課税関係を導くことができるように思われる。

そこで，本書では，以下において，それぞれの類型についての課税関係を分析する。その上で，実際のポイントサービスでは，どこに着目して類型を判断するべきかについて概要を説明する。

Study　　　　　　従来の議論の問題点

　従来，商品等の購入時に使用できるポイントは，「値引き」であると考えることが多かったように思われる[24][25][26][27][28]。

　しかし，そこでいう「値引き」の実体法上の意義は不明確であり，その結果，同じポイントを「値引き」と見る見解にあっても，これを減額後の金額の課税取引の成立（値下げ）と考えるものや，成立した対価の減額（値引き）と考えるものなど，論者によって課税関係の法律構成が異なっていた。

　一般的な用語でいえば，「値引き」とは，代金額の減額を意味するが，その法的側面としては，例えば，①価格交渉の結果として「値引き」後の価額を対価の額とする契約が成立する場合（≒値下げ）もあれば，②通常の価額を対価の額とする契約が成立した上で，価額の再交渉や債務免除等によって事後的に「値引き」したという場合もあるだろう。

「値引き」
パターン①：価格100円の商品がポイント使用で価格90円となる。
パターン②：価格100円であるがポイント使用で10円分の支払いが不要となる。

24　第156回国会衆議院経済産業委員会議録第12号（平成15年4月23日）竹島一彦答弁，第171回国会衆議院財務金融委員会議録第19号（平成21年4月21日）中島秀夫答弁等（ただし，いずれも景品表示法による規制に関する文脈での答弁である。）。
25　タックスアンサー№1907「個人が企業発行ポイントを取得又は使用した場合の取扱い」は，所得税についてではあるが，1ポイント1円に換算して決済代金の値引き等ができるポイントについて，「一般的に……ポイントを使用した消費者にとっては通常の商取引における値引きと同様の行為が行われたものと考えられます」とする。
26　質疑応答事例「百貨店等が顧客サービスとして発行するお買物券等の課税関係」は，使用すると券面額において商品代金が減額される金券について，「（値引き後の金額）がその商品の譲渡の対価の額となります」とする。
27　佐藤・前掲注20・14頁は，「単独事業者ベースでのポイント制度」ではポイント使用後の金額を課税売上げとして認識することに「疑義はないと思われる」とする。
28　EY新日本有限責任監査法人・前掲注8・87頁は，ポイントを「値引・割引に利用した場合」についてのみ記述し，代金決済に使用した場合について言及していない。

　このように，ここでいう「値引き」の意味するところは一義的に決まらないため，商品等の購入時に使用できるポイントを「値引き」という概念を用いて説明する場合には，この「値引き」の具体的な意義を明確にしなければならないはずである。

　しかし，従来の議論は，ポイントの使用による「支払代金の減少」という現象にのみフォーカスし，その法的根拠を意識的に論じてきたとは言い難いように思われる[29]。ポイントの使用によって結果的に会員の支払うべき代金額が減少しても，その法律構成によって課税関係は異なりうるから，単に支払代金の減少という現象にだけ着目しても不十分である。

　このように，購入時使用タイプのポイントサービスの課税関係における問題の本質は，「いかなる理由で支払代金の減少という結果が生じるのか」という点にあるのであり，課税関係もその法律構成に基づいて議論する必要があると考える。

4　商品等の購入時の使用（類型別の課税関係）

(1)　類型①：対価形成型のポイントサービス

【事例2】

①　運営会社Xのポイントサービスでは，会員が運営会社から商品等を購入する際にポイントを使用すると，1ポイントにつき1円の割合で商品等の税別代金額が値下げされ，ポイント使用後の金額を当該商品等の税別の代金額とするものとされている。

　会員Yは，税別1,000円の商品等を購入する際に400ポイントを使用し，ポイント使用後の残額600円に消費税分を加算した660円を支払った。

②　運営会社Xのポイントサービスでは，会員が運営会社から商品等を購入する際にポイントを使用すると，1ポイントにつき1円の割合で商品等の税込代金額が値下げされ，ポイント使用後の金額を当該商品等の税込代金額とするもの

29　例えば，髙安・前掲注8・58頁は，ポイントが値引割引（支払代金の控除相殺）に利用される場合について記述するが，「控除相殺」の法的な意味は不明である。

とされている。
　会員Yは，税込1,100円の商品等を購入する際に400ポイントを使用し，ポイント使用後の残額700円を支払った。

①　内　容

　対価形成型のポイントサービスとは，会員が商品等の購入の際にポイントを使用すると，使用したポイント数に応じて当該商品等の売値を減少することとし，ポイント使用の結果に基づいて算出される金額をもって当該商品等の対価とするポイントサービスである。

　現在広く普及しているポイントサービスは，後述の対価値引型又は決済型に該当するものが多いと思われ，この類型に属するポイントサービスはあまり一般的ではないかもしれない。しかし，この類型の考え方を押さえておくことが，他の類型の特徴を明確にすることにもなるため，理論的には重要と思われる。

　対価形成型のポイントサービスは，ポイントの使用が取引の対価の額を形成する機能を有するところ，この取引の対価の額は資産の譲渡等につき合意されるものである（消法28条1項）。したがって，対価形成型のポイントによって対価の額が合意される場合も，その対価の額は資産の譲渡等ごとに合意・形成されなければならず，そのような制度設計になっている必要がある。

　このとき，対価を合意すべき資産の譲渡等の単位の基準となるのは何かが問題となる。この点，「取引の機会」を単位にするという考え方がありうる[30]。この考え方によれば，一つの取引機会で複数の商品等を購入した場合は，その合計額を一つの「資産の譲渡等」の対価の額と見るべきこととなる。そのため，ポイントを使用して対価を形成しようとする場合も，次のように，必ずしもポイントによって商品等ごとの売値を確定させる必要はなく，その取引機会において取引された商品の合計額についてのみポイント相当額を控除するように設計することでも足りることになる。

30　国税庁軽減税率・インボイス制度対応室「消費税の仕入税額控除制度における適格請求書等保存方式に関するQ&A」（平成30年6月（令和6年4月改訂））問112は，このような考え方が採用されていると読むことも可能である。

商品A　1,000円

商品B　2,000円

本取引の対価の額：3,000円

↓　　　300ポイント使用（1ポイント＝1円）

本取引の対価の額：2,700円

　しかし，一つの取引において課税資産の譲渡等と非課税資産の譲渡等や不課税となる無償譲渡を同時に行う場合は，それぞれについて課税要件が検討されることからも，機会としての取引と課税対象となる資産の譲渡等の個数は関係がないというべきだろう[31]。もちろん，複数の商品等を一つの取引で購入する際に単に合計額のみを定めるという，いわゆる一括譲渡の場合は，資産の譲渡等は一つということになるが，それは取引の内容がそうであるからであり，取引機会が資産の譲渡等の個数とイコールであることを意味しない。つまり，対価を合意すべき資産の譲渡等の単位は，取引当事者の意図や性質によって判断されるのである。

　一般的なポイントが想定している取引は，個々の商品やサービスごとに価額が決まっている場合がほとんどである。このような商品等を購入する場合，資産の譲渡等は，商品等ごとに成立していると解するのが相当である。そうすると，同一の取引機会に複数の商品等を購入する場合，理論的には複数の資産の譲渡等を行ったものと評価されるように思われる。

　以上のことからすれば，ポイントの使用によって資産の譲渡等の対価の額が形成されたというためには，購入される商品やサービスの個別の代金ごとにポイントが作用して，それぞれの対価の額が確定されている必要があると解される。

31　消費税法は，消費税の申告にあたり異なる税率ごとに課税標準の合計額を算出するものとしている（消法45条1項）から，例えば一つの取引機会で標準税率の商品と軽減税率の商品を購入した場合を一つの資産の譲渡等と見てしまうと税率ごとの課税標準が算出できないことにもなる。

商品A　1,000円

商品B　2,000円

本取引の対価の合計額：3,000円

　　　↓　　300ポイント使用（1ポイント＝1円）

商品A　　900円

商品B　1,800円

本取引の対価の合計額：2,700円

　このように，ポイントが資産の譲渡等の対価を形成する機能を有するためには，それぞれの資産の譲渡等ごとにポイントが作用し，それぞれの対価の額を算出できるような設計でなければならない。

　例えば，会員が，購入しようとする商品等のうち，どの商品に何ポイント使用するかを選択できるような設計が考えられる。しかし，そのような詳細な設計となっているケースはあまりなく，一般的には単に通常の表示代金の合計額に対して何ポイントを使用するかを選択できるにすぎないことが多い。そのような場合，会員規約等に使用ポイントの商品等への割当のルールが明記されていれば，それに従って各資産の譲渡等の対価の額を算出できる。

　しかし，会員規約等にそのようなルールが記載されていない場合は，使用されたポイントが具体的にどの資産の譲渡等の対価の額を形成したのかが判別できないから，対価形成型のポイントとしては機能しないようにも思える。もっとも，ポイントサービスが運営会社と会員との合意に基づく契約関係である以上，使用されたポイントがどのように作用するかについても何らかの形で合意が見てとれれば，それに従うことに法的な問題はない。

　現実的には，例えば，「使用されるポイントは，購入する商品等の通常の販売価額に応じて比例按分して使用される」という黙示の合意がある（そうすることが当事者の合理的意思として推認できる）と認定できるケースは少なくないだろうから，それに従って各資産の譲渡等の対価の額を算定していくことになろう（ただし，対価の形成は合意に基づくものである以上，実務的には，少なくともレシート等でポイントの割当内容を当事者双方が確認できることが望

ましい。）。

　対価形成型のポイントサービスは，以上のような理論的な仕組みに基づいて，資産の譲渡等の対価の額を形成するものである。

② 法律関係

　このポイントは，当該商品等の対価の額を形成・算出するためのトリガーとして機能する。したがって，このポイントサービスは，運営会社と会員の取引に係る代金額の算定方法に関する特別の合意という実体法的な意義を有する。

　ポイントが使用されると，運営会社と会員には，ポイントサービスの内容に従い購入する商品等の通常の表示価額から使用ポイント相当額を控除した金額を当該商品等の税別又は税込の対価の額とする取引が成立する。つまり，運営会社と会員との間には，当初よりポイント使用後に形成される金額を対価の額とする購入契約が成立することになる。そのため，ポイント使用前の通常価額は，取引の要素としては直接の意味を持たない。

　なお，商品の通常の代金の全額にポイントが使用された場合は，対価の額はゼロになるから，当該取引は無償取引ということになる。これを私法の観点から見ると，商品の贈与等の無償契約ということになるが，民法上，贈与契約は無償契約であることを理由に，原則として契約責任（担保責任）が軽減される（民法551条1項）。ポイントが1円でも残額が生じるように使用された場合は有償の売買契約で，全額ポイントで支払ったら無償の贈与契約となると解すると，ポイントの使用形態によって，契約責任に差が生じることになりかねない。

　もちろん，このような結論は常識に反すると考えて，ポイントサービスの合理的解釈としては，ポイントの使用の有無によって当該取引の契約責任に差が生じるものではないと考えることはできなくはないだろうが，ポイントが景品と交換される場合は純粋な無償の贈与だろうから，それとのバランスからすれば，ポイントが購入時に使用されるものであるという一事をもって常に上記のように解釈できるかは疑問なしとしない。

③　課税関係

　対価形成型のポイントサービスでは，運営会社と会員の間では，当初よりポイントの使用によって形成される金額を当該商品等の税別又は税込の対価の額とする取引が成立する。

　したがって，この取引については，ポイントの使用によって形成された金額（ポイント使用後の金額）が消費税法28条1項の課税標準となる。

　そのため，**事例2**の①では，運営会社の課税売上げは600円，会員の課税仕入れ[32]は660円となり，**事例2**の②では，運営会社の課税売上げは636円，会員の課税仕入れは700円となる。

　また，対価形成型のポイントサービスでは，購入する商品等の通常価額の全額についてポイントを使用した場合には課税標準となる対価の額はゼロということになるから，無償取引として不課税になる。

　なお，タックスアンサーNo.6480「事業者が商品購入時にポイントを使用した場合の消費税の仕入税額控除の考え方」は，ポイントが「値引き」である場合について記載する。そこでいう「値引き」の意味は明確ではないが，提示されているレシート例を見ると，商品ごとにポイント使用後の代金額が記載されていることから，そこでいう「値引き」は，ポイントが商品の「対価の額」をそれぞれ減額させることを意味すると理解することもできる。そうだとすると，同タックスアンサーでいう「値引き」である場合と，本書でいう対価形成型のポイントサービスは同義であり，「値引き」後の金額が課税仕入れであるとして，本書と同様の結論を記載するものといえる。

32　以下，本章において，課税仕入れに係る支払対価の額（消法30条1項参照）をいう。

114

Study　　　充当の仕方による納税額への影響

　本文で述べたように，対価形成型のポイントサービスでは，ポイントが資産の譲渡等ごとの対価の額を形成できるものでなければならない。使用されたポイントがどの資産の譲渡等に何ポイント分機能するかというポイント使用の割当については，会員規約や黙示の合意等に基づいて判断することになるが，例えば，運営会社がある割当方法を当該ポイントサービスについて一律に適用している場合には，会員は当該割当方法に黙示的に合意しているといえる場合があるだろう。しかし，その場合，割当の合理性を一切問うことなく黙示の合意が成立しているといえるだろうか。

　例えば，次の事例を考えてみる。

　会員Ｙは，税率８％の軽減税率対象商品である商品Ａ（税別1,000円／税込1,080円）と，税率10％の商品Ｂ（税別2,000円／税込2,200円）を購入し，600ポイント（600円相当）を使用して2,680円を支払った。

　この事例では，ポイントをどの商品に何ポイント使用するかによって，最終的に運営会社が納付すべき消費税額が変わってくる。**図表４－３**のように，運営会社が税率８％の商品Ａに600ポイント全額を充当すれば，納税額は12円となるが，逆に税率10％の商品Ｂに600ポイント全額を充当すれば，運営会社の納税額は１円にとどまる。

	仕入税込額	仕入税額	通常税別額	税　率	消費税額	通常税込額
商品Ａ	864	64	1,000	8%	80	1,080
商品Ｂ	1,760	160	2,000	10%	200	2,200
合　計		224			280	3,280

　　　　※原価率80％と仮定　　　　　　通常時納税額　　　56

【図表4－3】　充当の内容と消費税額

○600ポイント使用：商品Ａ（税率8％）に充当

	通常税込額	ポイント充当	充当後税込額	充当後消費税額
商品Ａ	1,080	▲600	480	36
商品Ｂ	2,200	0	2,200	200
合　計		▲600	2,680	236

仕入税額　　　　　224
納税額（充当後）　 **12**

○600ポイント使用：比例按分

	通常税込額	ポイント充当	充当後税込額	充当後消費税額
商品Ａ	1,080	▲198	882	65
商品Ｂ	2,200	▲402	1,798	163
合　計		▲600	2,680	228

仕入税額　　　　　224
納税額（充当後）　　 **4**

○600ポイント使用：商品Ｂ（税率10％）に充当

	通常税込額	ポイント充当	充当後税込額	充当後消費税額
商品Ａ	1,080	0	1,080	80
商品Ｂ	2,200	▲600	1,600	145
合　計		▲600	2,680	225

仕入税額　　　　　224
納税額（充当後）　　 **1**

　このように，当該課税取引において運営会社が納付すべき消費税額全体で見た場合，税率が高い商品等にポイントを充当すればするほど納税すべき消費税額が少なくなる。そのため，例えば，会員規約等に「運営会社が各商品等の代金に任意に充当できる」という充当ルールを空洞化させる規定を設けたり，あるいは運営会社による任意の充当及びその黙示の承諾が無制限に認められたりすると，運営会社としては，納税の負担を減らすべく税率の高い商品等からポイントを充当するインセンティブが働く。

　他方，会員が事業者の場合，同じ出費（上記事例では2,680円）をする

のであれば仕入税額控除が多い方が望ましいから逆の結果を望むだろうし，国家における消費税の徴税という観点からすると，同じように商品Aと商品Bを購入して600円分のポイントを使用したのに運営会社の一存で消費税額が増減するから，穏やかではいられない。

　この点，課税資産と非課税資産の一括譲渡に係る消費税法施行令45条3項が，恣意による不合理な区分を排除する趣旨から「合理的に区分されていないとき」の課税標準は課税資産や非課税資産の価額の割合に応じた額とすることを定めていることからすれば，運営会社による割当方法が合理的ではないときにはそのような割当の合意は成立しないと解する余地もあるだろう。

　このように考えると，いくらポイントサービスが運営会社の主宰する特典サービスだとしても，少なくとも内容には中立性・公平性・合理性が求められるというべきである。

Study　対価形成型のポイントサービスは消費税法38条1項の「値引き」か？

　対価形成型のポイントサービスを，その実質は対価の「値引き」であるとして消費税法38条1項によって処理すべきとする考え方がありうる。

　確かに，通常の販売代金からポイント使用相当額が減少するという経済的意味では，対価形成型のポイントサービスは代金の「値引き」として機能するということもできる。

　しかし，消費税法38条1項の「値引き」とは，事業者が「行った課税資産の譲渡等」について行われるものであり，その結果，対価の税込価額が減額されるものをいうから，当初よりポイント使用後の金額を課税取引の対価の額とする取引が成立し，ポイント使用前の価額を対価とする課税資産の譲渡等が存在しない対価形成型のポイントサービスでは，理論上，消

費税法38条1項の「値引き」となる余地はない。

　また，**事例2**の①のように，ポイントが税別金額を減額させる場合，ポイントが使用された結果を待たないと税込価額が算出できないから，「税込価額」の減少について規定する消費税法38条1項は適用できない。

　したがって，対価形成型のポイントサービスを実質的に「値引き」と表現したとしても，それは消費税法38条1項の「値引き」とは異なる概念である。消費税法が理論的に両者を区別していることから，合理的理由のない混同は避けるべきであろう。

⑵　類型②：対価値引型のポイントサービス

> **【事例3】**
> 　運営会社Xのポイントサービスでは，会員が運営会社から商品等を購入する際に，1ポイント1円相当として代金の値引きに利用できるとされている。
> 　会員Yは，税別1,000円（税込1,100円）の商品等を購入する際に400ポイントを使用し，ポイント使用後の残額700円を支払った。

①　内　容

　対価値引型のポイントサービスは，会員が商品等を購入する際にポイントを使用すると，その課税取引について使用ポイント相当額の「値引き」が行われるポイントサービスである。

　このような値引きに利用できるポイントを使用すると，通常の販売代金から使用ポイント相当額が値引きされる結果，会員はその商品等を購入するにあたってポイント使用相当額の支払義務を負わないことになる。これは，「表示価額から○○％OFF・○円引き」のような一般に行われている値引販売と同様の趣旨のものと解される。

　この対価値引型のポイントサービスは，一見すると前述の対価形成型のポイントサービスとの違いがわかりにくい。両者とも，通常の販売価額から使用ポイント相当額が減額され，ポイント使用後の金額を対価として支払うことにな

る点では共通する。その意味では，両者ともに，ポイントを使用しない場合と比較して，対価の額（実質的な消費支出）を減少させるものである。両者の違いは，この消費支出の減少の根拠及び論理構成にある。

すなわち，対価形成型のポイントサービスは，初めからポイント使用後の金額を対価の額とする取引を成立させるものである。これに対し，対価値引型のポイントサービスは，通常の販売価額を対価の額とする取引の成立を前提に，それと同時にポイントサービスによって当該取引の対価を値引きするという仕組みである。このように，両者は，ポイントが使用される取引の対価の額（課税売上げ）の考え方において異なる。

なお，対価を値引きする場合，具体的にどの商品等の対価がいくら値引きされるのかが明確でなければならないから，一つの取引機会において複数の商品等を購入する際にポイントが値引きに使用される場合，（対価形成型のポイントサービスと同様に，）資産の譲渡等ごとに使用されるポイントが割り当てられる設計であることを要する。

② 法律関係

対価値引型のポイントサービスでは，ポイントサービスは，ポイントが使用される課税取引に対して，外部的にその対価の額を減額する合意として機能するものである。したがって，運営会社と会員との間では，通常の販売価額により商品等を購入する取引が成立することを前提に，ポイントサービスはこれに対する対価の減額の合意であるということになる。

③ 課税関係

ア 消費税法38条1項の「値引き」に当たるか

対価値引型のポイントサービスにおいては，これが消費税法38条1項の「値引き」に当たるものとして同条の定める処理に従うべきかが問題となる。

消費税法38条1項は，国内において行った課税資産の譲渡等について，返品や値引きが行われたことにより代金を返金したり代金債務を減額したりした場合は，課税時に遡って課税売上げを修正するのではなく，対価の減少が生じた

課税期間において，減少した対価に係る消費税相当額を納税すべき消費税から控除することとしている。これは，課税取引が一旦成立し，課税標準が確定して消費税が課税された場合において，課税標準となるべき対価の額が何らかの事情により減少した場合には実質的に消費支出が減少することから，納税すべき消費税額を別途調整することとしたものとされる。

　このような趣旨からすれば，同条の「値引き」というためには，当事者が単に代金額を減額することに合意したというのみでは足りず[33]，対価の減額が，資産の返品や品質不足等など，対価に対応する給付の量的・質的な減少に伴う場合や，給付に係る価値が客観的に合理的な事由に基づいて減少した場合でなければならないと解される。具体的には，売上品の量目不足，品質不良，破損等の理由により代価から控除されるものをいうとされており[34]，通達においては船舶の早出料，販売奨励金，期日前支払いに起因する売上割引等が例示されている[35]。

　ポイントによる値引きは，通常の販売価額で販売される商品等について，ポイントの使用を条件に，ポイントサービスという販売促進活動として，あらかじめ決められたルールに従って本来の対価を減額するものであるから，通常の販売価額で成立する課税取引について，個別的に対価を減額する客観的かつ合理的な制度として消費税法38条1項の「値引き」に該当すると考えうる。

　もっとも，次の問題として，値引きを行う時期の問題がある。

　消費税法が対価の額（課税売上げ）と対価の値引きによる減額を区別しているのは，消費税の課税標準が権利確定主義で決定される（一旦課税取引が行われると消費税が課税される）ことに鑑み，課税された後に返品や値引きが行われて対価の額が変動する場合には，課税された課税期間に遡って税額を修正するのではなく，対価の額が減額された課税期間において税額を修正することとしたものと解されている[36]。立法論としては，課税売上げとなる対価の額を課

33　単なる債務免除は対価の返還等に該当しないとされている（消費税法基本通達12-1-7参照）。

34　武田昌輔監修『DHCコンメンタール消費税法』（第一法規）3649頁以下参照。

35　消費税法基本通達14-1-1，14-1-2，14-1-4。

36　佐藤英明＝西山由美『スタンダード消費税法』（弘文堂，2022）117頁。

120

税時に遡って修正するという方法もあるが，消費税法は，そのような煩雑な手続を回避するために，対価の減額が生じた課税期間で税額を調整することとしたのである。

このような消費税法の仕組みからすれば，消費税法38条1項の適用を受ける「値引き」とは，課税売上げが生じる資産の譲渡等（課税取引）が行われた後に，対価の「値引き」が行われた場合を意味するようにも思われる。条文上も，返品や値引き等を行うことで，対価の「返還」又は対価に係る「債権の額を減額」した場合とされており，少なくとも一旦対価に係る代金債権が確定的に成立していることが前提とされているように読める。

そのような理解を前提に値引きに利用できるポイントについて見ると，ポイントは一般的には課税取引と同時に使用されるため，私法的には当該取引からポイント使用後の代金債権しか発生しないことになる。そうすると，「減額」すべき債権が当初より存在しないことから，このような値引きは，課税取引が行われた後に値引きしたものとはいえず，消費税法38条1項の適用を受ける「値引き」には当たらないということになる。このように考えると，対価値引型のポイントサービスは，実質的には対価形成型の一種ということになり，当初からポイントによる値引後の金額を対価の額とする課税取引が成立するものとして処理すべきことになる。

他方，同条の趣旨は，課税標準となるべき対価の額が何らかの事情により減少して実質的に消費支出が減少した場合に消費税額を調整するための方法として，課税期間を遡ることなく調整する点にあると考えることもできる。そのように考えると，消費税法38条1項は，同時か事後かを問わず，一旦当事者が合意した対価の額に係る課税取引が成立した場合に，その対価の額が客観的かつ合理的な原因に基づいて減額されるケースについて広く含むと解することができる。

例えば，ポイントを使用する意思表示をしたものの期限切れ等の理由によってポイントが使用できなかったような場合には，原則どおり通常の販売価額による取引が成立するものと解されるだろうから，購入行為そのものとポイントによる特典の享受は別の原因のものということは十分合理性があるように思わ

れる。そうすると、「購入行為から代金債権が生じており、ポイントの使用は
その債権をポイントサービスという客観的かつ合理的な原因に基づいて減額す
るもの」と構成し、消費税法38条 1 項が適用されると解することはできるだろ
う。

　いずれにしても、ポイントによる値引きが同条の「値引き」に当たると解す
る余地はあり、実務上も、このような値引きを同条の「値引き」として処理す
る例が見られるところである。

　イ　消費税法38条 1 項の適用の有無と「値引き」の帰結

　このように、ポイントによる値引きが消費税法38条 1 項の「値引き」に当た
ると考えれば、課税関係は同条によることになり、会員と商品等を販売した運
営会社との間では、ポイント使用前の通常の販売価額を対価の額とする課税取
引が成立し、同額が課税売上げとなると同時に、使用ポイント相当額に係る値
引きが行われたものとして処理すべきことになる（会員が事業者の場合は、ポ
イントによる値引額は仕入れの値引きとして消費税法32条 1 項により調整され
る。）。**事例 3** では、運営会社は税別1,000円が課税売上げとなり、100円の消費
税の納税義務が生じるが、同時にポイント相当額の400円のうち消費税相当額
36円（400円×10／110）が税額控除されることになる（消法38条 1 項）。

　もっとも、消費税法基本通達14 - 1 - 8 において、「事業者が、その課税期
間において売上げに係る対価の返還等を行った場合において、当該課税期間に
国内において行った課税資産の譲渡等の税率の異なるごとの金額から当該売上
げに係る対価の返還等につき税率の異なるごとに合理的に区分した金額をそれ
ぞれ控除する経理処理を継続して行っているときは、これを認める。」とされ
ており、消費税法38条 1 項の「値引き」の場合でも当初から減額した対価によ
る課税取引が行われたものと事実上同様の処理をすることが認められるから、
そのような処理を行うことも可能だろう。また、最終的な消費税額も異ならな
い。

　タックスアンサー№6480「事業者が商品購入時にポイントを使用した場合の
消費税の仕入税額控除の考え方」の「値引き」である場合も、「ポイント使用

が『対価の値引き』である場合には，商品対価の合計額からポイント使用相当分の金額を差し引いた金額（値引後の金額）」が課税仕入れとなるとしており，上記同様の理解に基づくものと解することができる。

なお，消費税法38条１項の「値引き」として処理する場合，運営会社は，原則として，会員に対して適格返還請求書（返還インボイス）を交付しなければならない（消法57条の４第３項）。ただし，税込１万円未満の値引きであれば適格返還請求書の交付義務は免除される（消法57条の４第３項，消令70条の９第３項２号)[37]。

他方，ポイントによる値引きは同条の「値引き」には当たらないと解する場合は，前述のように，対価形成型の一種として，初めからポイント使用後の金額を対価の額とする課税取引が成立することになる。

Study　対価値引型のポイントサービスにおけるポイントの割当

対価値引型のポイントサービスでは，どの商品等の対価をいくら値引きしたのかを特定しなければならないことから，複数の商品等の対価にポイントが使用された場合には，使用されたポイントを資産の譲渡等の対価ごとに割り当てる必要がある。

この割当は，対価形成型のポイントサービスと同様に，会員規約や黙示の合意に基づいて行われることになるが，仮に割当について黙示の合意があったとは認められない場合や，単に「合計代金から使用ポイント相当額の値引きができる」と設計した場合，対価値引型のポイントサービスとはいえないということになるのだろうか。

この点，消費税法基本通達14－１－５は，課税売上げと非課税売上げを一括して対象とする売上割戻しについては，合理的にそれぞれに区分した金額をもって消費税法38条１項を適用するとしている。

37　一般的なポイントサービスでは，会員規約等によって１度に使用できるポイント数の上限が定められていることが多い。

　この通達の趣旨は，各資産の譲渡等の対価の額ごとに割戻金額を明示しない（一括割戻し）とはいえ，資産の譲渡等についての対価の減額が実体的に生じているといえる場合に，その課税対象とされるべき消費支出の金額を当事者の合理的意思及び租税政策的な観点から決定するものと解される。そうすると，例えば，代金の合計額に対してポイントを使用して値引きされる場合，対価の額の減額という実体的な効果は生じているから，あとは同通達の趣旨に照らして，使用されたポイント相当額を合理的に区分して消費税法38条１項を適用すれば足りることになる。また，同通達のようにポイントを割り当てることが，当事者の合理的意思にもかなうといえるだろう。

　したがって，ポイントの割当方法について会員規約の記載や合意が認められないからといって，直ちに対価値引型のポイントサービスではないということはできない[38]。ただし，対価の値引きもポイントサービスという合意に基づくものである以上，実務的には，少なくともレシート等で割当内容を当事者双方が確認できることが望ましいことは，対価形成型と同様である。

(3)　類型③：決済型のポイントサービス

【事例４】

　運営会社Xのポイントサービスでは，会員が運営会社から商品等を購入する際に，１ポイント１円相当として代金の支払いに利用できるとされている。

　会員Yは，税別1,000円（税込1,100円）の商品等を購入する際に400ポイントを使用し，ポイント使用後の残額700円を支払った。

---

①　内　容

　決済型のポイントサービスとは，会員が運営会社（や加盟店）から商品等を

38　国税庁軽減税率・インボイス制度対応室・前掲注30・問69も参照。

購入する際に，ポイントを所定のレートに従って購入代金の支払いに使用でき
る（ポイントを支払代金に充当できる）というものである。

　ポイントが使用されると，会員は，商品等の購入代金のうち使用ポイント相
当額について，金銭等で支払ったのと同様に，運営会社・加盟店と会員の関係
では弁済されたものとして取り扱われる。より正確にいうと，取引から生じる
代金債務について，その支払義務を免れることになる。したがって，決済型の
ポイントサービスは，会員に対して生じた代金の債権・債務関係を精算するも
のであり，事実上決済手段として機能する。ポイントを使用する対象の取引に
おける商品等の販売価額が変わるものではなく，単に決済方法が選択的になる
にすぎないという意味では，比較的シンプルなサービスということになろう。

　1度に複数の商品等を購入した場合で，それぞれの商品等ごとに代金債務が
発生する場合には，ポイントがどの対価の弁済に使用されたのかが明確でなけ
ればならない。通常は会員規約等や当事者の合意に基づいて使用ポイントの割
当が行われるべきであるが，ポイントが事実上弁済と同様の機能を有すること
からすれば，これらの合意がない場合でも，民法の法定充当の規定が準用され
ると解すべきだろう（民法489条）。

　このように，決済型のポイントサービスは，事実上，通貨と同様の機能を有
するため，ポイントサービスの内容が客観的にわかりやすく，広く馴染みやす
いというメリットがある。このようなことから，複数の加盟店で使用すること
が想定される共通ポイントサービスでは，決済型として機能するものが多い。

　もっとも，理論上は自社完結型のポイントサービスでも決済型を導入するこ
とは可能である。

　すなわち，共通ポイントサービスでは，使用ポイント相当額について運営会
社と加盟店との間でポイント精算金等の収受がされることが一般的であるが，
自社完結型では使用ポイント相当額に対応する金銭の収受が行われないため，
実態として使用ポイント相当額の値下げ又は値引販売がされているものと評価
されることが多いように思われる。

　しかし，使用ポイント相当額に対応する金銭の収受がなくても当事者の合意
によって事実上の弁済を擬制することは可能であるから，自社完結型であって

も決済型のポイントサービスが導入できないわけではない。

　また，会員が事業者の場合，いくらの課税仕入れとなるかを自身で判断する必要があるから，ポイントサービスがどのような機能を有するかは，ポイントを使用する会員にとっても明確でなければならないが，近年の決済型の共通ポイントサービスや電子マネーなどの普及状況に照らすと，同じように「ポイントを代金の支払いに利用できます」と記載されたポイントサービスが，自社完結型であるという一事のみによって当然に対価形成型や対価値引型に該当すると評価されるものではないように思われる。

　したがって，本書では，決済型を共通ポイントサービスに特有のサービス類型であるとは捉えないこととする。

②　法律関係

　ポイントサービスは合意に基づく法律関係であるから，決済型のポイントサービスで，ポイントの使用によって会員が代金の支払いを免れる効果も，合意に基づくものである。つまり，決済型のポイントサービスの実体法的な意義は，商品等の購入契約から生じる代金債務の決済方法の合意である。すなわち，会員が商品等を購入する取引を行うことで，通常の販売価額による代金債務が発生するが，これに対してポイントサービスという合意が適用された効果として，会員は使用ポイント相当額の代金支払義務を免れることになる。

　なお，支払いを免れた代金債務の帰趨については，自社完結型のポイントサービスと共通ポイントサービスで異なる。自社完結型のポイントサービスでは，使用ポイント相当額に対応する金銭の収受が想定されないため，ポイントの使用と同時に代金債務は消滅すると解される[39]（共通ポイントが運営会社自身で代金の支払いに使用される場合も同様である。）。

　他方，共通ポイントサービスでは，使用ポイント相当額について運営会社か

---

[39]　ただし，この債務消滅の本質を，合意に基づく免除（民法519条参照）と考えるか，合意に基づいて創設された特殊な弁済方法と考えるかは難しい問題である。なお，鍋谷・前掲注2・463頁は，共通ポイントサービスについては「契約上認められた支払債務の履行方法の一つである」とするが，自社完結型か共通ポイントサービスかにかかわらず，会員によるポイント使用の意思表示に金銭債務の履行という性質を認めてよいかは疑問がある。

らポイントが使用された加盟店に対してポイント精算金が支払われることが一般的である。このポイント精算金の性質を，商品等の代金債権のうち会員が支払いを免れた使用ポイント相当額に係る部分の弁済に充てられる性質のものだと理解すれば，会員が支払いを免れた代金債務は，運営会社の代位弁済又は引受債務の弁済によって消滅することになる。

③　課税関係

決済型のポイントサービスは，課税取引から生じる代金債務について，会員の支払義務を免責させる。つまり，ここでは，ポイントの使用の有無にかかわらず，商品等を販売する運営会社・加盟店と会員との間で通常の販売価額による課税取引が成立しており，当該取引に基づき発生した代金債務について，ポイントサービスという合意に基づいて支払義務を単に免責する効果を有するにすぎない。したがって，ポイントは，課税取引から生じる対価の額に作用するものではなく，ポイントの使用は，ポイントが使用される取引の課税関係に特段の影響を与えない。

事例4では，運営会社と会員との間では，税込1,100円の課税取引が行われているから課税標準は1,000円となり，ポイントの使用は課税標準額に影響を与えない。

このように，決済型のポイントサービスでは，ポイント使用前の金額を対価の額とする課税取引が行われている点で，ポイント使用後の金額に係る取引が成立する対価形成型のポイントサービスと異なり，また，ポイントの使用が対価の額（実質的な消費支出）に影響を与えない点で，対価値引型のポイントサービスと異なる。

タックスアンサー№6480「事業者が商品購入時にポイントを使用した場合の消費税の仕入税額控除の考え方」は，ポイントの使用が「対価の値引きでない場合」の課税仕入れは，ポイント使用前の商品対価の合計額（全額）であるとしており，上記のような理解を示しているといえる。

なお，決済型の共通ポイントサービスでは，加盟店でポイントが使用された場合には使用ポイント相当額（会員が支払いを免れた金額）について運営会社

からポイント精算金が支払われるが，このポイント精算金と決済型のポイントとの関係については，第6章Ⅲ3(4)にて詳述する。

　このように，決済型では，ポイントが使用されてもポイント使用前と消費税額が変わらない。そうすると，自社完結型のポイントサービスでは，運営会社は，ポイントが使用された部分についてキャッシュインがないにもかかわらず，その部分に係る消費税額を自社で負担する結果となる。これは，一見，運営会社にとっての経済合理性がなく，また，このような類型を観念すること自体が間接税としての消費税の設計思想に反するようにも思える。

　しかし，消費税法は，課税取引から算出される消費税を誰が現実に負担するかまでは規定しておらず，この点は当事者の合意に委ねられるから，ポイントサービスという合意の下に会員に転嫁されるべき消費税額を運営会社が負担することまでは禁止されない。

　そうすると，決済型のポイントサービスとは，運営会社の販売促進・顧客囲い込みのために，消費税の負担を含めた会員の支払代金の一部又は全部を運営会社が負担するという特典サービスであり，運営会社の経済的負担は大きいものの，顧客への訴求力は高いものともいえるだろう。

Study　　消費者の支出のない「消費支出」？

　決済型のポイントサービスでは，商品等の購入について，使用されたポイント相当額については会員が金銭を支出しないにもかかわらず，ポイントを使用しない通常の取引と同額の消費税が生じることになる。

　仮に，金銭の支出がないのに消費税が生じるということが，消費支出に課税する消費税の仕組みに反すると考えると，理論上，このような決済型は認められないとも思える。この問題は，消費税の課税対象とされる「消費支出」をどう考えるかという問題である。

　消費税法は，消費支出に担税力を見出し課税する租税であるところ[40]，

その課税の実現のために，当事者が取引において合意した「対価として収受し，又は収受すべき」金額を課税標準としている（消法28条1項）。これは，当事者の合意した対価の額が取引を通じて顕在化する消費支出であり，当該取引を行う消費者の担税力を推認させると考えたからである。

　もっとも，消費支出は，消費対象となる商品やサービスの価値の移転と引換えに当該価値相当額が消費者から売主に移転することを意味するものであるから，消費の対象に見出された価値とその対価としての価値が相互に移転される性質を有さなければならない。この対価関係にある価値の相互移転は，法治国家である日本においては，原則として債権という法的拘束力によって実現が担保される。このことからすれば，合意された対価が消費支出であるというためには，取引における合意によってその価値の移転を実現するための債権が発生することが想定されていると解される。「対価として収受し，又は収受すべき」とは，債権の発生を前提にした金銭等の収受を意味すると解されるのである。

　決済型のポイントサービスでは，ポイントは弁済等の債権の決済手段として使用されるから，その前提としてポイント使用前の対価に係る金銭債権（代金債権）は発生していると考えられる。このことは，仮に決済の場面で何らかの理由によりポイントが使用できなかった場合には，原則どおり金銭での支払いが要求されることからも裏付けられる。このように，決済型のポイントサービスでは，ポイントの使用によって会員はその分の金銭を支出しないが，対価の収受を目的とする運営会社の会員に対する代金債権自体は発生していると解することができる。そうすると，決済型のポイントサービスで，会員に使用ポイント相当額に係る金銭の支出が現実には予定されなくても，これは取引に係る消費支出に当たる。

　他方，対価形成型のポイントサービスでは，理論的にはポイントが使用

40　消費を課税対象とするとも説明されるが，日本の消費税法は消費に潜む担税力を消費支出に見出したため，無償の消費行為は課税対象とならず，結果的に支出を伴う消費に課税する制度設計となっている（谷口勢津夫「課税対象取引―納税義務者の検討も含めて」日税研論集70号（2017）219頁参照）。

されて初めて対価の額が合意され，その結果ポイント使用後の金額の代金債権のみが生じるから，ポイント使用前の通常の販売価額での代金債権は存在しない。また，対価値引型のポイントサービスでは，ポイントが債権の内容である対価の額を合意によって減額（変更）するものであるから，使用ポイント相当額に係る債権は遡及的あるいは将来的に消滅し，実質的に消費支出はないものと評価される。そのため，これらについては使用ポイント相当額に係る消費税が発生しないことになる。

　このように，決済型のポイントサービスでは，使用ポイント相当額について金銭の収受が予定されないとしても，それを含めた総額の消費支出が存在するから，ポイント使用前の課税売上げに従って消費税が発生するとしても，消費税の仕組みと矛盾するものではない。

Ⅳ　商品等の購入時に使用できるポイントサービスの設計内容の判断

1　具体的なポイントサービスがどの類型に当たるか

　以上のように，ポイントサービスは多種多様であるから，具体的なポイントサービスの課税関係を判断するにあたっては，当該ポイントサービスの具体的な法律関係や仕組みを検討し，それがどのような性質の取引なのか，そこから導かれる課税関係はどうなるのかを判断する必要がある。

　しかし，実務上の最大の問題は，このように「そのポイントサービスがどのような性質なのか」の判断が悩ましい点にある。会員規約等やポイントサービスの運用状況から，運営会社と会員との間にどのような法律関係があるのかを判断することは，ポイントサービスが多種多様である以上，相当な困難を伴うケースも少なくないだろう。

　もちろん，ポイントサービスにおける法律関係や課税関係についての考え方

130

は，未だに見解の一致を見ないため，どれが正解であると断定できるものではない。しかし，実務においては，課税関係について一定の結論を出さなければならないため，判断を保留することもできない。

そこで，具体的なポイントサービスの課税関係が問題となる場合に，どのような点に着目してその仕組みや性質等を判断していくべきか，私見ではあるが一応の指針を記載する。

2　類型の判断

まず，ポイントサービスは多種多様であるとはいえ，現在のポイントサービスの多くは，対価形成型，対価値引型，決済型のいずれかの類型に当たる。そして，どの類型に当たるかが判断できれば，前述したように課税関係を（一応）判断することができる。

商品等の購入時に使用できるポイントサービスは，その法律関係を見た場合に，①「ポイント使用の対象となる取引について，『対価の額』をいくらとする商品・サービスの購入契約が成立するか」という観点から，ポイント使用後の金額を対価の額とする対価形成型と，ポイント使用前の金額とする対価値引型・決済型に分類できる。そして，ポイント使用前の金額を対価の額とする取引が成立する後者の場合に，②「使用ポイント相当額について会員による支払いが不要となるのはなぜか」という観点から，合意した対価の額の減額（値引き）である対価値引型と，単に会員との関係で支払義務を免責するにすぎない決済型に分類できる。

具体的な事案においては，これらの観点から，当該ポイントサービスがどの類型に属するものかを判断することが有用と思われる。

3　類型を判断するための要素

あるポイントサービスがどのような仕組みや性質を有するかは，消費税法の解釈の問題ではなく，事実の認定・評価の問題である。事実の認定・評価は，原則として証拠や周辺（間接的）事実に基づいて行われる。ポイントサービスの内容を評価するためには，主に以下のような点を確認することが必要である。

(1)　会員規約等の内容

　ポイントサービスは，会員規約等に基づく法律関係（契約）であるから，契約書に相当する会員規約等の記載内容が検討の出発点である。

　一般的に，自分が行う取引の「対価の額」やその算出方法に関する事項は，当事者にとって最も重要な事項であるから，通常は契約書等に明示されるものである。したがって，会員規約等に，ポイントが取引の対価についてどのような効果を生じるものとされているのかが明記されたり，効果を推認させるような条項があったりすれば，それは極めて重要な点となる。

　また，会員規約等は最も重要な資料であるが，その他に，例えば「ご利用案内」や「サービス説明」などのパンフレットやウェブサイト上の表記もサービス内容を表明するものとして重要な資料となる。また，ポイントサービスに関する宣伝広告も参考になる。

　もっとも，会員規約等の文言も絶対的なものではない。形式的に文言が整っていても，実際には全く違う運用がされていれば，現実の方が重視されるだろう。例えば，会員規約等に対価形成型のように「使用ポイント相当額について値下げされ，ポイント使用後の金額を取引の対価とします。」と記載されていても，レシートには対価の額としてポイント使用前の金額が記載され，代金受領欄に使用ポイント数（ポイント相当額）が記載されているような場合は，実態としては，ポイントは代金の支払いに充当されているものというべきであり，決済型と評価される可能性が出てくる。

　したがって，会員規約等の文言を確認する際は，会員規約等に記載された文言が実際にどのような運用となっているかを常に照らし合わせる必要がある。

(2)　オペレーション（当事者のアクションと取引の実態）

　ポイントサービスは，原則として会員規約等に基づいて会員に対して画一的・一律に運用されるものであるから，ポイントが使用される場面における運営会社・加盟店と会員の具体的な行動（アクション）や運営会社のシステムがどのように運営されているかという点は，当事者の認識や法律関係を判断する重要な材料となる。

　例えば，実際に当該ポイントを使用する際に運営会社と会員がどのような手順で行動するのか，その趣旨や意味は何か，ポイントが使用された場合の代金の計算過程はどのようになっているかなど，ポイントサービスのオペレーション全体を具体的に観察する必要がある。

(3)　レシートや明細等の表記

　レシートや取引明細等は，売主である運営会社が当該取引の内容を記録したものであるから，一般的には取引（契約）の内容を立証する重要な証拠書類等と位置付けられる[41]。

　また，レシート等は，会員がポイントの使用結果やポイントと対価の額の関係等を現実に認識する重要な手段の一つであるから，運営会社のみならず会員がどのような認識を持って取引を行ったのかを推認させる側面もある（認識に不一致があれば異議を唱えるはずである，という経験則に一応裏付けられる。）。

　ただし，レシート等は，あくまでも，取引の事後的な記録文書であるから，契約の意思内容を直接に示す契約書等とは性質が異なり，取引内容を直接に証明するものではない。また，レシート等の発行の形式は，運営会社の会計システム上の制約がある場合もある。よって，常にレシート等の記載により結論が決まるというものではない。あくまで，取引内容の立証は，他の周辺事情との総合評価による。

(4)　会計処理の状況

　会計処理は，（ときに外部の専門家のチェックを受けて）処理者の主観を継続的に外部に表明するものであり，当事者の認識を推認させる一つの事情となりうる。

　もっとも，一般的な税務調査を想像すればわかるように，会計は当事者の一

41　レシートに会員との間で合意して授受することとした売上金額が記載されており，当該会員が対価の支払いにポイントを使用した場合も本件ポイント使用分の金額を含む本件売上金額が本件レシートに記載されていることから，本件ポイント使用分の金額を含む本件売上金額が，請求人と会員との間で，授受することとした対価の額であると認められるとした事例として，裁決令和3年5月17日（東裁（諸）令2第82号・非公表裁決）。

方の内部的な処理にすぎないため，会計処理の状況から直ちに事実及び法的評価が認定できるものではない（会計処理にかかわらず税務署に否認されることは往々にしてある。）。そのため，実務上は，契約書や実際のオペレーション等の，相手方とのやりとりに係る事情の方が重視されるように思われることには注意が必要である。

第 5 章

自社完結型ポイントサービスの課税関係

I　自社完結型ポイントサービスの意義と形態

1　自社完結型のポイントサービス

ポイントが，ポイントサービスを主宰する運営会社でのみ使用できるタイプのポイントサービスを，本書では，「自社完結型」のポイントサービスと呼ぶ。

前述のように，ポイントサービスとしての特徴を有していれば，必ずしも「ポイント」という名称である必要はなく，例えば，所定数が貯まると特典を受けられるスタンプカードのようなものでも本書にいうポイントサービスに該当する。そのため，自社完結型のポイントサービスは最も典型的なポイントサービスといえる。

自社完結型における「自社」とは，権利義務の主体としての運営会社（法人）を意味する。ポイントが同一法人内の各店舗で使用される場合は自社完結型のポイントサービスに含まれるが，親子会社や提携先企業，フランチャイジーなどの異なる権利義務主体で共通して使用できるものは，本書では自社完結型のポイントサービスに含まない。

2　自社完結型ポイントサービスの特徴

自社完結型のポイントサービスの特徴は，ポイントサービスの実施が運営会社のみで完結する点にある。

自社完結型のポイントサービスでは，ポイントの付与や使用などの事務管理から特典の提供に至るまでの全過程が，運営会社の責任と経済的負担において実施される。そのため，消費税の課税関係を考える場合，端的に会員と運営会社という二者間の法律関係・課税関係を分析することになる。

これに対し，共通ポイントサービスの場合は，「加盟店」という運営会社とは別の権利義務主体を含めた三者間においてポイントサービス全体の法律関係・課税関係を分析することが求められる。したがって，自社完結型のポイントサービスと共通ポイントサービスを全く同種のものとして論じることはでき

ないと考えられる。

3　自社完結型と自社グループポイントサービス

自社完結型のポイントサービスと似て非なるものとして，自社グループを構成する企業間で通用するポイントサービスがある。これは，主として自社グループのブランドの向上とグループ全体での顧客囲い込みを目的とする。

自社グループを構成する複数の企業（法人）で通用するポイントは，グループの事業者間で経済的負担の補填のための資金移動等が想定され，運営会社と会員との二者間でサービスが完結しない。そのため，本書における分類では，共通ポイントサービスの一種として位置付けることとする。

4　問題の所在

自社完結型のポイントサービスの課税関係では，ポイントサービスの課税関係一般と同じく，①運営会社が会員にポイントを付与する行為の課税関係，②ポイントが運営会社で使用された場合のポイントが使用された取引の課税関係が問題となる。

また，特に②については，自社完結型のポイントで「商品等の購入代金の支払いに利用できます」とされている場合に，これを対価形成型，対価値引型，決済型のいずれであると解するべきかが問題となる。すなわち，自社完結型の場合，共通ポイントサービスと異なり，このようなポイントが使用されたとしても使用ポイント相当額について運営会社が金銭を他から収受することはないため，このような場合に何を消費支出と考えるべきかは難しい問題であると思われる。

本章では，以下，自社完結型のポイントサービスにおける，①ポイント付与時の課税関係，②ポイント使用時の課税関係について検討する。

なお，歴史的に見ると，現在一般的となった共通ポイントサービスやポイント交換は，自社完結型の進化形ということができるため，自社完結型における理論がそのまますべてのポイントサービスに妥当するわけではないにしても，ポイントサービスというものをどのように捉えるべきかという基本的な問題に

ついては，ここでの議論が出発点となる。共通ポイントサービスやポイント交換に特有の性質論についても，自社完結型と比較することで議論を深めることができるように思われる。

II　自社完結型ポイントを付与する場合の課税関係

1　運営会社が特典として付与する場合

　運営会社の会員に対するポイントの付与は，会員が運営会社から一定額の商品やサービスの購入，あるいはアンケートへの回答や他の関連サービスへの申込み，他社ポイントとの交換など，運営会社が定める一定の条件を満たした場合にポイントを付与するという設計になっていることが一般的である。前述したように，現在のポイントサービスにおけるポイントは，消費税法における資産性や譲渡性に乏しいと解されるから，ポイントを付与する行為は「資産の譲渡」に当たらない。

　他方，運営会社によるポイントの付与は，会員に対する「役務の提供」に当たりうる。しかし，一般的に，ポイントサービスは運営会社による会員への無償の特典提供として存在しており，ポイントの付与に際して会員から金銭の支払い等の経済的価値の移転はない。これは，アンケートへの回答やポイント交換によるポイントの付与であっても異なるところではない。したがって，運営会社によるポイントの付与は，「対価を得て行われる」役務の提供に当たらない。

　以上により，運営会社が会員に特典として行う自社完結型のポイントの付与は，消費税の課税対象となる「資産の譲渡等」に該当せず，不課税となる。

2　運営会社が対価として付与する場合

　会員が運営会社に対して何らかの資産の譲渡や役務の提供等を行う場合に，運営会社がその反対給付として当該会員にポイントを付与する場合，ポイントは運営会社に対して会員が特典を受ける権利・地位を表章するものであるから，ポイントの付与は特典を受ける権利・地位の設定という側面がある。そのため，

これに経済的価値が認められる場合には，ポイントの付与は，「対価として収受し，又は収受すべき一切の……経済的な利益」として対価性が認められることになる。

　したがって，そのような場合は，運営会社と会員の取引は課税取引となり，ポイントの付与はその対価となると解される。課税標準となる対価の額は，資産や役務の時価ではなく，当該ポイントの客観的な経済的価額である（消法28条1項）。

Ⅲ　自社完結型ポイントを使用する場合の課税関係

1　ポイントが景品等との交換に使用できる場合

(1)　景品等との交換に使用できる自社完結型ポイント

　ポイントサービスを歴史的に見ると，自社の発行するポイントが貯まると自社において景品等の給付を受けることができる（ポイントと交換できる）ポイントサービスは，その特典として最もオーソドックスといえる。この場合，会員規約等において，「ポイントは運営会社の指定する商品等と交換することができます。」というような記載がされている。

　もっとも，ポイントサービスとしては古典的なものであり，運営会社による無償の特典であることから，必ずしも会員規約等が用意されていないことも多い。例えば，スタンプカードのようにカードそのものであったり，ホームページ等に特典内容や給付条件が記載されているにすぎなかったりと簡易的なものもあるが，そのような場合でもポイントサービスとしての性質が失われるものではない。

　また，自社完結型であっても，ポイントが景品交換のみならず商品購入時に値引きや決済方法としても利用できるポイントであることもある。

(2)　運営会社と会員の課税関係

　所定のポイントが貯まった場合にポイントを景品等と交換する（ポイントを

使用して景品等の給付を受ける）場合，景品等の給付は会員規約等に基づいて，特典として無償で行われるものである。したがって，ポイントによる景品交換は原則として不課税である。

　これは，景品交換に利用されるポイントが同時に決済や値引き等にも利用できるポイントである場合でも異ならない。規約には，ポイントの特典内容として，景品交換での利用と決済等としての利用は並列して定められているのが一般的であるから，そもそも制度としては別の特典内容である。

　ただし，例えば1ポイント当たり1円で決済にも利用できるポイントが景品交換にも利用できる場合に，景品等の給付に必要なポイント数について，明確に「ポイントで支払う」，「ポイントで購入する」というような表現が用いられている場合には，ポイントを決済で使用する場合と制度的に異ならないと解される余地はある。そうすると，景品等の給付にあたり，決済で使用される場合のポイントの価値レートに従った金額をその対価とする合意があると解される可能性はあるだろう。その場合には，景品交換といえども，ポイントを商品等の購入時に決済に利用する場合と同様，当該金額を対価とする課税取引が成立することになる。

2　ポイントが購入代金の値引きに使用できる場合

⑴　商品等の購入代金の値引きに使用できる自社完結型ポイント

　ポイントが景品交換に利用できる場合では，会員としては自身の希望する景品等が用意されているとは限らない。これに対して，ポイントによる特典の恩恵が販売されている商品全般を対象に受けられることは，会員にとってメリットが大きい。そのため，ポイントサービスは，景品交換という現物の支給から，商品等の購入時に購入代金の支払額の減少を得られるものへと内容を発展させることとなった。

　自社完結型のポイントサービスでは，ポイントが自社でのみ通用する（使用される）ものであることから，会員が商品等を購入する際に購入代金の支払額の減少という効果をもたらすために，使用ポイント相当額を通常の販売価額から値引くものとすることが一般的であった（いわゆる「ポイント値引き」）。

また，その後に登場する共通ポイントサービスと異なり，使用ポイント相当額について他から金銭の収受がないことから，ポイントの設計内容について明記されていない場合でも，実質的に運営会社が値引販売を行っているものと解することに一定の合理性があったように思われる。

⑵　どのようなポイントサービスが「値引きに使用できるポイント」といえるか

では，具体的にどのようなポイントサービスであればそのような「値引き」だといえるのだろうか。この点は，商品等の購入時に利用できるポイントが値引きとしての性質を有する「対価値引型」なのか，それとも決済方法の一種として機能する「決済型」なのかの認定の場面で問題となる。本書のように，自社完結型のポイントサービスでも決済型のポイントサービスはありうるという考え方に立つと，自社完結型においてもこの点が重要な問題となる。

この点については，第6章Ⅲ5で詳述しているので，そちらを参考にされたい。

⑶　運営会社と会員の課税関係

ポイントが通常の販売価額を値引きする効果を有する場合に，これが消費税法38条1項の「値引き」に該当するかについて議論がありうることは前述のとおりであるが，同条の適用範囲を広く解してポイント値引きのような値引きにも同条の適用があると考えることは可能と思われる。また，実務的にもこのような値引きを同条によって処理する例が散見される。

このような考え方に立てば，運営会社と会員の課税関係は，①購入する商品等について通常の販売価額による課税取引が成立するとした上で，②使用ポイント相当額については対価の「値引き」として消費税法38条1項によって処理すべきことになる。なお，継続処理を条件に，対価の額そのものを減額させる処理も認められていることについては前述のとおりである。

他方，このような値引きには消費税法38条1項の適用はないと考えても，このポイントが当事者の合意する対価の額を減少させる機能を有する点に異なるところはない。そのため，運営会社と会員はポイント使用後の減額された金額

を当該取引の対価の額としたものとして，当該金額の課税取引が成立すると解することになり，対価形成型のポイントの場合と同様の処理になる。

⑷　対価形成型の自社完結型ポイントとの関係

　対価形成型と対価値引型は，理論的に見て，前者がポイント使用後の金額を取引の対価の額とする（ポイント使用後の金額の課税取引が成立する）のに対し，後者がポイント使用前の金額で成立した課税取引について対価の額を減少させる（対価の値引きとして処理する）という点で異なる。そのため，理論的に考えると，両者は明確に区別されるべきである。

　しかし，実質的な消費支出の額という観点からすれば，結論的にはほぼ両者に差はなく，広い意味では両者は同種の性質を有するということもできるだろう。ポイントを値引きだと考える従来の見解も，この両者を厳密に区別していると思われる論者はほとんどいない。そのため，本書でも，両者の区別は理論的な概念の差ということにとどめておく。

3　ポイントが購入代金の支払いに使用できる場合

⑴　購入代金の支払いに使用できる自社完結型ポイント

　ポイントが，「会員が商品等を購入する際に1ポイント：1円として購入代金の支払いに利用できる」というような決済型のポイントサービスは，共通ポイントサービスでは比較的一般的な特典類型であるが，そのような共通ポイントサービスの普及に影響を受けたのか，最近では，自社完結型ポイントサービスでも，同様の特典類型が見受けられる。

　前述のように，自社完結型のポイントサービスでは，購入代金の減額に作用するポイントを，実質的に販売価額の値引きとして取り扱ってきたところであり，会員規約の文言等にも値引きであることが記載されることが多かった。近年，会員規約に上記のような文言が用いられることが増えたのは，共通ポイントサービスや電子マネーの普及によって，この種の文言が消費者にとってわかりやすいと思われていることが背景にあるように思われる。

　では，自社完結型のポイントサービスで購入代金の支払いに使用できるポイ

ントをどのように捉えるべきだろうか。

(2)　決済方法か値引きか

　共通ポイントサービスでは，ポイントが購入代金の支払いに使用できる場合，その仕組みは代金債権の決済方法として機能するもの（決済型）と一般的に理解される。その根拠の一つは，会員規約等の文言にあるが，同時に，共通ポイントサービスでは，加盟店でポイントが購入代金の支払いに使用された場合，使用ポイント相当額が運営会社からポイント精算金として支払われることから，実質的に加盟店がポイント使用前の通常の販売価額で売り上げたのと同視できる点も根拠の一つとなる。

　ところが，自社完結型では，たとえ購入代金の支払いにポイントが使用されたとしても，運営会社には使用ポイント相当額のキャッシュインが想定されない。つまり，自社完結型における決済型とは，専ら運営会社が自社の負担で会員に対する代金債権を免除するサービスであるということになる。もちろん，ポイントサービスは自由に設計可能であるから，自社完結型といえどもそのような設計のポイントサービスを構築することは，理論的には可能である。しかし，実際問題として，果たして自社完結型においてこのような決済型のポイントサービスが認められる（認定できる）だろうか。

①　対価値引型とする見解

　この点について，一方で，自社完結型では，使用ポイント相当額についてキャッシュインが想定されない以上，「購入代金の支払いに利用できる」という会員規約等の文言にかかわらず，これをすべて「値引き」であると解するべきだという考え方がある。確かに，自社完結型の決済型ポイントでは，使用ポイント相当額に係る代金債権を常に免責するものということになるが，個別具体的な事情にかかわらず，ポイントサービスのように一般的なルールに従って代金債権を免責するという取引が自然といえるかは疑問がある。運営会社は誰からも使用ポイント相当額の支払いを受けないのであるから，事前にそれが明確な上で会員から代金の支払いを受けないというのは，代金債権の免責ではな

く，使用ポイント相当額について代金債権を発生させない，あるいは，発生した代金債権を減額する合意だと見る方が自然なようにも思える。

また，消費支出に担税力を見出す消費税法の趣旨からしても，誰においても使用ポイント相当額の支出が生じない，しかもそれが事後的に回収不能になるというのではなく，取引の時点で初めから予定されているのであれば，この取引には担税力を見出すべき消費支出が観念できないともいえる。

これらの点を重視すれば，「購入代金の支払いに利用できる」自社完結型のポイントサービスは，その文言にかかわらず，実質的に購入代金の値引きであると見て，当事者としては使用ポイント相当額について対価の額を減少させる趣旨であると考え，対価形成型・対価値引型である（使用ポイント相当額については消費支出がない）と解することになる。

② 決済型とする見解

以上のような考え方に対しては，これを値引きだとするのは会員規約等の文言と乖離しすぎているという批判が想定できる。すなわち，ポイントサービスは運営会社と会員との契約関係であるから，当該取引からどのような効果が生じるかは，運営会社のみならず会員にとっても認識できなければならず，そのために会員規約等が存在している。

会員規約等にポイントが代金の値引きではなく，代金の支払いに利用できると記載されている場合，会員としては，一般的に同様の文言が用いられている共通ポイントサービスや電子マネーと同様の法律関係であると認識するのが通常である。会員としては，当該ポイントサービスが本当に自社完結型か，他でも使える共通ポイントサービスであるかは認識できないことが多いから，自社完結型であるか共通ポイントサービスであるかによって，会員規約の文言を別異に解釈することは妥当ではない。また，例えば，当初は自社完結型で展開していたポイントサービスが，後に共通ポイントサービスに発展したとした場合に，会員が認識し得ないところで法律関係が変更されることになりかねない。

会員が事業者である場合，当該ポイントサービスが値引きであれば，使用ポイント相当額については実質的に課税仕入れにならないが，ポイントが単なる

決済手段であれば，ポイントの使用の有無にかかわらず通常の販売価額の課税仕入れとなるから，ポイントが値引きとして機能するのか，代金債務の決済として機能するのかは，極めて重要な点である。そうすると，このような会員から認識しづらい事情から法律関係や課税関係を認定するのは取引の安定を害するといえる。

　以上のように考えると，自社完結型であっても，当事者の法律関係・課税関係は原則として会員規約等の文言に忠実に解すべきであり，共通ポイントサービスと同様に，購入代金の支払いに利用できるポイントは決済型であると考えることになる。

⑶　実務での考え方

　タックスアンサーNo.6480「事業者が商品購入時にポイントを使用した場合の消費税の仕入税額控除の考え方」は，ポイントが商品等の購入代金に使用される場合の課税仕入れの考え方について，ポイント使用が「対価の値引きでない」場合には，商品対価の合計額（全額）が購入者の課税仕入れに係る支払対価の額となるとしている。そこでは，自社完結型のポイントサービスか共通ポイントサービスかで区別されていないから，自社完結型でも同様に考えるものと解される。

　その上で，「商品購入時に発行されるレシートには，ポイント使用の態様に応じて『課税仕入れに係る支払対価の額』が表示されていると考えられますので，商品を購入した事業者においては，レシートの表記から『課税仕入れに係る支払対価の額』を判断して差し支えありません。」とされている。つまり，レシートの表記から，ポイントが対価の値引きであることが判別できない場合は，対価の値引きとしては処理できない（対価の値引きに当たらない）。したがって，少なくとも，国としては，自社完結型で商品等の購入代金に利用できるポイントサービスがすべて対価の値引きであるとは考えていないことになる。

⑷　どう考えるべきか

　確かに，ポイントが自社でのみ使用される自社完結型のポイントサービスで

ポイントが購入代金に充当される場合，運営会社はその分の売上げを回収することは予定していないから，運営会社としては対価を値下げしていると認識していることが多いように思われる。

　しかし，消費税の課税標準となる対価の額は，当事者双方で合意されるものであるし，会員が事業者の場合は自ら課税仕入れの適否を検討しなければならないから，当該取引の対価の額がいくらか，対価の額が減額されているかについては，会員においても認識できなければならない性質のものである。

　したがって，会員規約やレシートの表記等から外形的に対価の値引きであることがわからない場合は，それを運営会社の一方的な認識のみによって対価の値引きであると解することは妥当ではない。決済型の共通ポイントサービスや電子マネー等が普及する以前であれば，会員が代金の支払いを免れるポイントは広く対価の値引きと扱っても弊害は少なかったかもしれないが，同等の機能を持つこれらの決済制度が広く普及した現代では，もはや以前のように自社完結型のみを特別扱いすることはできないだろう。

　そうすると，購入代金の支払いに利用できる自社完結型のポイントサービスも，結局は，運営会社と会員がどのような法的効果を合意したのか次第ということになる。「購入代金の支払いに利用できる」という条項の意味をどのように解すべきかは，第6章Ⅲ3で詳述するが，一般的には，取引の対価の額を減少させる意図はなく，単に取引から生じる代金債権のうち使用ポイント相当額について免責する趣旨であると解される。

　このような考え方に対しては，当事者が収受しないこととしている金額を課税標準に含めるのは，消費税法28条1項が課税標準を「対価として収受し，又は収受すべき」金額と定めていることに反するという指摘が考えられる。

　しかし，消費支出に担税力を見出す消費税法が「対価として収受し，又は収受すべき」金額を課税標準としたのは，それが，当事者が当該資産の譲渡や役務の提供等を受けるために必要な交換的支出，つまり消費を行うために必要な支出として消費支出の額を表すものと考えたからである。したがって，当事者が資産や役務等と交換的に給付されるべき価値だと認識し合意すれば，それを対価として「収受すべき」金額として課税標準とするのが消費税法の仕組みで

あるということになる。

そして，1度，認識・合意された消費支出は，直ちに課税標準として捉えられ，その後にこれを減額したり免除したりしても課税標準には影響を与えず[1]，要件に該当する場合にのみ対価の返還等（消法38条）や貸倒れ（消法39条）によって調整を行うこととしている。

そうすると，たとえポイントサービスという特典が会員の使用ポイント相当額の代金の支払いを免れる結果をもたらすものだとしても，購入対象となる商品等の消費の価値としてポイント使用前の通常の価額を認識・合意しているのであれば，消費税法は，これを消費支出として課税標準と捉えることを予定しているのであり，当事者が合意した対価を実際に収受するかどうかは，課税標準とは直接関係がないことになる。よって，ポイントサービスによって当事者が収受しないこととした金額を当該取引の課税標準に含めても消費税法28条1項に反するものではない。

また，売主の収受が予定されないと税負担の転嫁が実現できず，消費税法の間接税としての仕組みに反するとの指摘も考えられるが，税負担の転嫁は事実上の要求であり，逆に1度「収受すべき」金額が認識・合意されれば，それを課税標準として消費税を課すのが消費税法の仕組みであるから，この点は問題とならないというべきである。

以上からすれば，会員規約やレシートの表記等，さらに当事者のオペレーションや当該ポイントサービスの運用状況等からして，それが対価を値引きする（通常の表示価額から対価の額を減額する）合意であると認定できれば対価の値引きとして処理すべきであり，そうでなく，単にポイントは「購入代金の支払いに利用できる」とされているにすぎないような場合は，それは対価の値引きではなく（対価の額を変動させるものではなく），単に会員が支払うべき代金のうち，使用ポイント相当額について運営会社の負担の下に免責させるという決済型のポイントサービスであると解すべきである。

1　消費税法基本通達12−1−7は，債務免除が消費支出に影響を与えるものではないことを前提とする。

148

　もし，自社完結型で対価の値引きのためのポイントサービスを構築したいのであれば，会員規約やレシート等に明記するなどして，客観的にそれが値引きであることを明らかにすべきということになる。

第 **6** 章

共通ポイントサービスの
課税関係

I　共通ポイントサービスの意義と形態

1　自社の枠内を超えるポイントサービス

　ポイントサービスは，元々は，自社の顧客に対して自社において特典を提供することで顧客の囲い込み効果を狙って発展してきた。この顧客の囲い込みは，販売促進活動の一種であり，もって自社の売上げに貢献するものであった。しかし，このような特典による囲い込みは，運営会社に協力する他社と共有することでより効果的な販売促進ツールとなる。

　すなわち，ポイントの運営会社からすれば，ポイントが付与される店舗やポイントが使用できる店舗が増えると会員にとって特典を受ける機会や内容が充実するため，そのポイントの魅力が増し，より新規の会員を呼び込むことが期待できる。同時に，既存の会員をポイントサービス網に囲い込む効果が高まる。

　一方，運営会社以外の事業者からすれば，自分の店舗でそのような魅力的なポイントを付与できることは，ポイントが欲しい会員の消費を呼び込むことが期待できる。また，ポイントが使用できる場合には，ポイントを保有する会員の来店を促す一要因となるため，会員のポイントの使用によってそれに見合った収益が自社に確約されるのであれば，自分の店でポイントが使えることは収益獲得のチャンスが増すことを意味する。さらに，自前でポイントサービスを運営するよりも，専門的な会社が運営しているポイントサービスに乗る方が効率的であるという側面もある。このような運営会社と他の事業者のメリットは，会員にとっては，ポイントの付与の機会が増え，かつ，ポイントから受ける特典の内容が多様化することを意味する。

　このように，ポイントサービスは，運営会社が他社と協力することで運営会社・協力店・会員という関係者全員にメリットをもたらすことができる。そのため，ポイントサービスは，自社の枠内を超えて，他社と協力してポイントサービス網を形成するように発展した。以上のように，運営会社と会員というシンプルなポイントサービス関係を超えて，ポイントサービスの関係者に第三

者（他社）が登場するポイントサービスを，本書では自社完結型と対比させる
意味で「共通ポイントサービス」という。

　共通ポイントサービスは，伝統的には，運営会社が自社のために運営してき
たポイントサービスのメリットを他の事業者（加盟店）にも共有させる形で発
展してきたが，このようなポイントサービスは，単に運営会社を中心とするポ
イントサービス網に顧客を囲い込むという性質を超えて，それ自体が事業者に
対する販売促進サービスとして提供できる性質をも有する。そのため，運営会
社がポイントサービスの運営に特化し，専ら販売促進サービスとして他社に提
供するというビジネスモデルも登場するようになった。

2　共通ポイントサービスの要素

　現在の共通ポイントサービスといえば，運営会社が主宰するポイントサービ
スを，当該ポイントサービスに参加（加盟）する別の事業主体（加盟店）を通
じて展開するというものである。その詳細な内容は，各共通ポイントサービス
によって異なるが，概ね共通する要素としては，以下のとおりである（**図表6
－1参照**）。

　まず，運営会社は会員と会員契約を締結し，会員に対して，会員規約に従っ
てポイントを付与し，ポイントの使用を認める（ポイント還元を行う）などの
ポイントサービスを提供する義務を負う。この点は，自社完結型のポイント
サービスと同様である。

　次に，運営会社は，ポイントサービスに参加する事業者と加盟店契約を締結
する。これにより，運営会社は，加盟店に対して，会員にポイントを付与した
り，会員がポイントを使用した場合の精算業務を行ったりするなど，ポイント
サービスの実施に必要な義務を負う。

　逆に，加盟店は，ポイントサービスの加盟店としての地位を取得する一方で，
運営会社に対して，ポイントサービスのルールを遵守し，また，会員に対して
ポイントを付与又は使用する機会を提供する義務を負うと同時に，運営会社に
対してポイントサービスに係る諸費用を支払う義務を負うこととされることが
多い。

152

　会員と加盟店は，ポイントサービスに関して直接の契約関係に立たないが，運営会社を含めた三者間における関係を通じて，ポイントサービスの会員の地位に基づいて，直接加盟店に対して法的な権利や地位を取得する場合がある。例えば，ポイントが加盟店で景品と交換される場合，会員は当該加盟店に対して直接に給付請求権を有するというべき場合があるだろう。また，会員がポイントを購入代金に充当する場合は，その限度において加盟店からの代金請求を減額する効果を有する。

【図表6－1】　共通ポイントサービスの契約関係

3　共通ポイントサービスの個別具体性

　このように，共通ポイントサービスには一定の共通する要素や法律関係が想定されるが，その詳細や形態については各共通ポイントサービスで異なる。

　まず，ポイントが何に使用できるのかについて，自社完結型と同様に，景品交換，代金の値引き，代金の支払いの区別があり，これらの複数の性質を有するポイントも多い。また，スキーム全体で見ると，運営会社と加盟店の双方でポイントが付与・使用されるものもあれば，前述のように，運営会社がポイントの運営に特化し，運営会社でのポイントの使用が想定されないポイントサービスも相当数見られる。逆に，某航空系マイレージのように，運営会社及び協力店（加盟店）でポイント（マイル）が付与されるが，ポイント（マイル）が使用できるのは運営会社（及び関連会社等）のみというものもある。

　また，当初は自社でポイント運営を行っていたものの，業務効率化のために
ポイント運営事業を子会社に移管し，実質的な運営主体が加盟店のようなポジ
ションに位置付けられるケースもある。この場合には，実質的な運営主体と運
営会社の法律関係は，通常の加盟店と運営会社のものとは異なることが多いだ
ろう。

　その他にも様々な形態が考えられ，本書では必要な範囲で触れるにとどめる
が，このように，ひと口に「共通ポイントサービス」といっても，その形態は
一つではなく，参画する登場人物間の関係は一様ではないという点は，共通ポ
イントサービスの課税関係を検討する上で，極めて重要な視点である。共通ポ
イントの法律関係や課税関係を検討する際には，その共通ポイントサービスの
具体的な内容に基づいた分析が必要となる。

4　共通ポイントサービスの消費税に関する論点

　共通ポイントサービスにおける消費税の主要な問題は，①ポイント付与時に
加盟店から運営会社へ（手数料等とは別に）支払われる「ポイント負担金」[1]な
どの支払いが運営会社の課税売上げ（加盟店の課税仕入れ）となるのか，②ポ
イント使用時に運営会社から加盟店に支払われる「ポイント精算金」が，運営
会社の課税仕入れ（加盟店の課税売上げ）になるか，という2点にある。

　この点，共通ポイントサービスにおける消費税の課税関係については，これ
までにいくつかの先行研究や論稿が発表され，また，国税庁も比較的最近に
なって「処理例」やタックスアンサーを公表するに至っている。

　しかし，自社完結型が運営会社と会員の一対一の関係であるのに対し，共通
ポイントサービスでは，運営会社と会員の間に加盟店等の運営会社とは別個独
立した事業者が介在しているため，法律関係や課税関係は，運営会社と会員の
ほか，運営会社と加盟店，会員と加盟店の関係をそれぞれ検討する必要があ
る[2]。具体的な事案においては，同じような共通ポイントサービスでも，その

1　「ポイント費用」，「ポイント相当額」などとも呼ばれることがある。
2　運営会社の視点からすると，共通ポイントサービスは「加盟店」と「会員」それぞれを相手
　方とする複数ないし両面性を有する取引であるといわれることもある（公正取引委員会「共通
　ポイントサービスに関する取引実態調査報告書」（令和2年6月）2頁参照）。

法律関係や課税関係が異なるケースもあるため，特定の共通ポイントサービスに係る法律関係や課税関係をすべてのケースに適用できると考えるのは危険である。

　本書では，現在存在する共通ポイントサービスについてある程度共通して見られる特徴に基づいて検討をしているが，最終的にはケース・バイ・ケースであることには留意されたい。

Study	先行研究等の注意点

　共通ポイントサービスの消費税については，いくつかの先行研究や処理例等があるが，そこでは，議論の対象としている共通ポイントサービスについて，特定の仕組みや性質を所与の前提としているものが少なくないように思われる。その結果，それと異なる仕組みの共通ポイントサービスに対しては，そこでの議論が必ずしも妥当しないのではないかと疑念を抱くことがある。

　過去の先行研究等は共通ポイントサービスの消費税の課否を考える上で有益なものではあるが，それらを参照する際は，そこで議論されているポイントサービスがどのような仕組みを前提としているのか，その射程に注意する必要がある。

II　共通ポイントを付与する場合の課税関係

1　共通ポイントの付与

　共通ポイントサービスでは，会員が加盟店や運営会社で商品等を購入すると，会員規約に基づいて商品等の購入金額に応じて所定のポイントが会員に付与される。

　このとき，加盟店は，加盟店契約に基づき運営会社に対し，ポイントシステムの使用やポイント付与サービスについて手数料等を支払うことが多い。

　また，ポイントが新規で発行された場合，運営会社は将来そのポイントが使用された場合のポイント還元に係る経済的負担を負うことになる。そのため，加盟店は，運営会社に対し，当該加盟店で新たに付与されたポイント数に基づき，運営会社が会員に対して行うポイント還元に係る経済的負担を補填する趣旨の負担金（ポイント負担金）を支払うというのが一般的である（ただし，運営会社の戦略上の理由からポイント負担金の一部又は全部を運営会社が負担するケースもある。）（図表6－2参照）。

【図表6－2】　共通ポイントの付与のイメージ

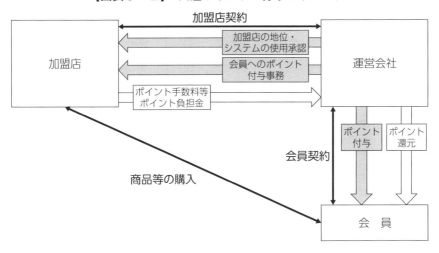

2　加盟店と会員の課税関係（会員の加盟店での商品等の購入）

　加盟店の会員に対する商品販売又はサービス提供は，一般的に対価を得て行われる有償契約であり，「資産の譲渡等」に該当するため課税取引となる。したがって，通常の商品等の販売時と同様に，当該商品等の代金が課税売上げとなる。

このとき，会員は，購入する商品等の対価を支払うが，これはポイントサービスそのものとは無関係であるから，会員と加盟店との間にはポイントの付与に係る課税関係は生じない。

3 運営会社と会員の課税関係（会員に対するポイントの付与）

運営会社は，加盟店で商品等を購入した会員に対して会員規約に基づきポイントを付与する。ポイントの付与は，一般的なポイントサービスの会員規約では，運営会社が会員から何らかの金銭や経済的利益を収受して行うものとはされないから，自社完結型の場合と同様に，会員との関係では「対価を得て行われる」役務の提供には当たらない。よって，運営会社と会員との間に課税関係は生じない。

その他の論点についても，基本的には自社完結型で論じたことが妥当する。

4 運営会社と加盟店の課税関係（加盟店から運営会社への金銭の支払い）

⑴ ポイント付与手数料やシステム使用料

会員が加盟店で商品等を購入すると，会員は，加盟店を通じて，運営会社からポイントを付与される。このとき，加盟店は，加盟店規約等に基づいて，運営会社に対して，当該会員の購入情報と付与すべきポイント数等の情報を送付し，運営会社はその情報に基づいて会員のポイント数等を管理する。

共通ポイントサービスでは，もし，加盟店から購入情報等の送付を受けた運営会社が会員にポイントを付与しなければ，加盟店は加盟店契約をする意味がない（ポイント付与による販売促進という目的を達成できない）から，運営会社は，加盟店に対して，「会員にポイントを付与する」という契約上の義務を負うと解される。加盟店規約において，運営会社が加盟店に対して会員に対するポイント付与サービスを提供することを明記する例も多い。したがって，加盟店で商品等を購入した会員に対して所定のポイントを付与することは，運営会社の当該加盟店に対する役務の提供といえる。

この運営会社による役務の提供について，加盟店が運営会社に対して「ポイ

ント付与手数料」などを支払う場合がある[3]。それらは，付与されたポイント数等を基準に算出される場合も定額の場合もあるが，いずれにしても会員に対するポイント還元額とは直接関係なく定められる。そのため，たとえ手数料が，運営会社において将来のポイント還元のための資金に充てることが予定されていたとしても，加盟店と運営会社との間では，ポイント付与という事務・労務に対する報償として収受される趣旨のものといえる。よって，会員に対するポイント還元額と無関係に支払うこととされる手数料等の金銭は，ポイント付与という役務（ポイントサービスによる集客役務）の対価と解される。

　また，手数料等とは別に，ポイントサービスのための専用端末の使用料や，ポイントシステムの利用料等が支払われるケースもあるが，これらも端末の使用やポイントサービス全般の提供に対する反対給付といえる。

　したがって，このような金銭は対価性が肯定され，運営会社の課税売上げ（加盟店の課税仕入れ）となる。

⑵　ポイント負担金
①　ポイント負担金に関する二つの見解

　共通ポイントサービスでは，手数料等の支払いの有無にかかわらず，加盟店が運営会社に対し，当該加盟店で付与されたポイント数等に応じて算定される「ポイント負担金」を支払う場合がある[4]。このポイント負担金は，手数料等とは異なり，新たに付与されたポイントに係るポイント還元のための資金や運営会社の経済的負担の補填の趣旨で収受される。このポイント負担金の対価性については，次の二つの見解に大別される。

　一つは，ポイント負担金を，運営会社が提供するポイントサービスという販売促進役務の対価と見る見解である[5]。この見解は，運営会社による会員へのポイント付与は，会員が加盟店で商品等を購入する動機となるから，このよう

3　公正取引委員会・前掲注2・9頁。実際には，ポイントサービスの運営会社によって，「プログラム利用料」，「加盟店手数料」，「ポイント管理手数料」など様々である。
4　例えば，決済型のポイントでは，決済に利用できるポイントの価値相当額（1ポイント1円で支払いに利用できる場合，付与ポイント数×1円）とされることが多い。もっとも，それに実質的な手数料を上乗せする場合（例えば，1ポイント当たり1.2円）もありうる。

158

な集客効果に着目すれば，加盟店は，運営会社から，ポイント付与を含むポイントサービスという販売促進に係る役務の提供を受けているといえ，ポイント負担金が当該加盟店で付与されたポイント数に応じて算出されるのは，「付与されたポイントが多いほど会員が当該加盟店でたくさん購入した（販売促進の効果を得た）から」であり，まさに販売促進役務に対応する給付であると考える。このような観点から，たとえ加盟店から運営会社に対するポイント還元のための資金の趣旨を含むものだとしても，ポイント負担金は，なお，ポイントの付与（あるいはポイントサービス全般）という運営会社から提供される販売促進サービスの反対給付であるとする。

　もう一つは，ポイント負担金を，将来ポイント還元が行われる際の原資であり，ポイント付与という販売促進役務の提供の反対給付ではない（役務提供の対価ではない）と見る見解である[6]。加盟店は，運営会社からポイント付与という役務の提供を受けることで販売促進効果を得るところ，新たにポイントが付与されると，運営会社にはその分だけポイント還元に係る経済的負担が生じる。しかし，ポイントの付与による集客効果を直接得たのは運営会社ではなく当該加盟店であるから，これによって生じるポイント還元に係る負担は，当該加盟店が負担するというのが公平にかなう。そこで，ポイント負担金は，運営会社が各種のポイント還元を実施するための原資として収受されるものであり，ポイント付与等の役務の提供の反対給付としての性質を有さないと考える[7]。

　確かに，共通ポイントサービスが加盟店にとって販売促進サービスとしての性質を有することは否定できないから，結果としてポイント付与の機会となった加盟店の売上額に応じて算出されることになるポイント負担金を，いわば

5　鍋谷彰男「消費税法上の「物品切手等」の範囲と決済手段の多様化を巡る諸問題について」税務大学校論叢86号（2016）466頁以下等。なお，共同店舗共通の買物券がポイントと交換して発行される場合に，共同店舗の管理運営者である買物券の発行者が各共同店舗から受領するポイント負担金が販売促進事業の対価であるとしたものとして，裁決平成14年9月19日（福裁（諸）平14第2号・非公表裁決）がある。

6　ポイント負担金が不課税であるとした事案として，裁決令和3年10月7日（東裁（諸）令3第29号・非公表裁決），裁決令和4年2月18日（東裁（諸）令3第63号・非公表裁決）。

7　錦織康高「弁護士のための租税法務 消費税と決済手段」ジュリスト1551号（2020）76頁は，ポイントが将来使用された場合に備えての負担金であって，不課税取引であるという議論がありうるとしている。

「販売促進役務の効果に応じた出来高報酬」と見ることも不合理とはいえない。しかし，ポイント負担金は，その仕組み上，基本的にはポイント還元に充てられることが予定されているものであり，運営会社の収益源としては予定されていない性質の金銭である。このようなポイント負担金が，販売促進効果を得ているという結果のみから直ちにポイントサービスという役務の反対給付であると捉えるのは，対価性を認める範囲が広すぎると思われる。では，どのように考えるべきだろうか。

②　「ポイント還元の原資」としてのポイント負担金の課否

　一般論として，ポイントは運営会社が会員に約束する特典を表章するものとして無償で発行されるものであるから，ポイントサービスにおける「ポイント還元によって受ける利益」は，他人が購入できる性質のものではないとされる。よって，ポイントの付与（発行）に際して金銭が収受されたとしても，それはポイントそれ自体の価値を購入したと評価することはできない。つまり，ここでは，ポイント負担金が，運営会社が加盟店に提供するポイントの付与という販売促進役務の対価といえるかが問題となる。

　国税庁が令和2年1月に公表した処理例によると，加盟店がポイント付与分の金銭を運営会社に支払う場合は，ポイント制度の規約等の内容によっては課税とされるケースも考えられるという注意書きが付されているものの，代金の支払いに利用されるポイントの価値相当分を運営会社に支払う場合は，原則として不課税，つまり，ポイント付与という役務の対価ではないとされている。

　また，大阪高裁令和3年9月29日判決〔ポイント交換事件〕は，ポイント交換において交換元企業から交換先企業へ支払われる金員について，①一般的にポイントは無償で発行される性質であること，②ポイント交換では交換先のポイント還元に係る経済的負担は交換元企業が負うべきこと，③ポイント交換は交換当事者双方にとってメリットのある取引であり，交換それ自体を無償で行う経済合理性があること等から，交換元企業から支払われる金員がポイント交換によって新たに付与されるポイントの還元を行うための原資としての性質を有する場合は，当該金員は交換先企業のポイント付与という役務の反対給付と

しての性質を根拠付けないとしている。これをポイント付与という場面に共通する理論だと考えると，運営会社に対して「ポイント還元の原資」を提供する行為は，原資以外の対価としての性質が認められない限り，ポイント付与という役務の対価の性質を有さず，不課税ということになる。

　このように，裁決事例では結論が分かれているものの，現在の国税庁の見解や高等裁判所レベルの下級審裁判例においては，ポイント付与に際して支払われる金銭が専ら「ポイント還元の原資」としての性質を有するものと認められるのであれば，それはポイント付与という役務（あるいはポイントサービスという販売促進役務）の対価ではないと考えられているようである。このような実務の見解に従う限り，当該ポイント負担金が「ポイント還元の原資」としての性質を有すると客観的に認められれば，不課税ということになる。

③ 「ポイント還元の原資」がポイント付与という役務の対価とされない理由

　ところで，なぜ「ポイント還元の原資」としての性質を有する金銭は，ポイント付与の役務の反対給付（対価）と評価されないのだろうか。その理由については，上記裁判例等では明確には論じられていない。そこで，やや踏み込んだ話になるが，「ポイント還元の原資」として収受される金銭がポイント付与という役務の反対給付にならない理由を，対価性の意義まで遡って検討してみる。

　既に本書で述べたとおり（第3章Ⅱ6），消費税法の趣旨や仕組みから考えると，ある経済的利益の収受が資産の譲渡や役務の提供等の対価であるかは，当該経済的利益が客観的に見て給付に対する「反対給付としての性質」を有しているかどうかで判断され，その「反対給付としての性質」の有無は，給付と経済的利益の収受との間に「あれなければこれなし」という条件関係が存在することを前提に，当該経済的利益が当該給付の価値に対応する性質を有するかどうかで判断されるべきものと解される。

　「ポイント還元の原資」は，運営会社の会員に対するポイント付与（あるいはポイントサービス全般）という役務の提供に起因して収受される経済的利益であり，運営会社が会員に対してポイントを付与しなければ加盟店から収受さ

れることはないから，両者の間には条件関係が存在する。したがって，このような「ポイント還元の原資」の対価性は，「ポイント還元の原資」の価値がポイント付与という役務の価値に対応するものといえるかどうかで判断されるべきことになる。

　この点，「ポイント還元の原資」は，ポイントサービスにおける一般的な性質として，ポイントが新規に発行されることによって運営会社において将来生じるポイント還元を行うための経済的負担を補填する趣旨で収受されるものである。つまり，「ポイント還元の原資」は，ポイント還元を通じて将来会員が享受する価値に対応する。そうすると，運営会社が加盟店に提供するポイントの付与やポイントサービス全般の提供という労務の価値に，「将来のポイント還元の価値」が含まれている（運営会社のポイント付与等の役務によって加盟店がポイント還元に係る価値を享受する）といえる場合には，「ポイント還元の原資」はポイント付与等の役務の価値に対応するものとして対価性が肯定されることになる。

　そこで，ポイント還元に関する当事者の関係を見てみると，運営会社による会員へのポイントの付与や，ポイントが使用できる環境の整備は，運営会社と加盟店の関係では，加盟店契約に基づき提供される役務であるが，他方で，付与されたポイントに係るポイントの還元そのものは，運営会社と会員の会員契約に基づき，運営会社の経済的負担において，運営会社から会員に対して提供されるサービスである。運営会社の加盟店に対する会員へのポイント付与等の役務は，このような会員が運営会社から将来ポイント還元を受ける期待や仕組みを利用して加盟店における集客という効果につなげることを意図するものであるが，それ以上に，運営会社が加盟店に対して，ポイント付与等という提供労務の内容として「会員に対するポイント還元」を履行する義務を負うものではないと解される[8]。

8　逆に，もしポイントの付与という役務にポイント還元によって会員へ利益を提供する義務が含まれると解する場合は，ポイント還元は加盟店から委託を受けた事務ということになるから，そのための原資は委任事務の対価（報酬）とは異なる事務処理費用（民法650条1項参照）として不課税と解する余地があるように思われる。

　したがって，加盟店は，運営会社から「ポイントの付与」や「ポイントサービスの提供」という役務を通じて「会員に対するポイント還元」という価値を享受する関係にはないといえる。そうすると，将来ポイント還元を受けた場合に得られる価値に対応する「ポイント還元の原資」は，その性質上，「ポイントの付与」や「ポイントサービスの提供」という役務の価値には含まれていないといえるだろう。

　このような考え方は，次のような経験則的な合理性によっても裏付けられる。すなわち，共通ポイントサービスでは，加盟店でポイントが付与されることで加盟店が販売促進効果を得る反面，必然的に運営会社にそこで付与されたポイントの分だけ還元のための負担が生じることになるが，運営会社自身は販売促進の効果等のメリットを享受していないから，その部分に係るポイント還元のための経済的負担は，当該メリットを受けた加盟店が負うというのが公平といえる。よって，共通ポイントサービスでは，加盟店で付与された部分のポイントに係る「ポイント還元の原資」を，加盟店が享受したメリットの報償とは別に当該加盟店が運営会社に提供することには合理性があるといえるだろう。

　このような観点からすれば，「ポイント還元の原資」は，ポイント付与等の販売促進役務の価値に対応するものとして交換的に収受されるものではなく，当該役務を提供する結果として，運営会社と会員との関係において運営会社に不可避的に生じることになるポイント還元に係る経済的コストについて，運営会社と加盟店のいずれが負担するかという合意に基づく金銭の収受であり，その客観的な性質上，ポイント付与という役務の反対給付としての性質を有さないということになる[9]。

　以上から，ポイント還元を行うための原資として収受される金銭は，運営会社の加盟店に対するポイント付与という役務の対価（反対給付）ではないことになる（**図表6−3参照**）。

9　もちろん，当事者がポイント還元等の関連コストを含めてポイント付与という役務の対価の額を合意することは可能であり，その場合はポイント付与という労務の付加価値としての性質を有し，課税取引ということになろう。

【図表6-3】　ポイント還元の原資のイメージ

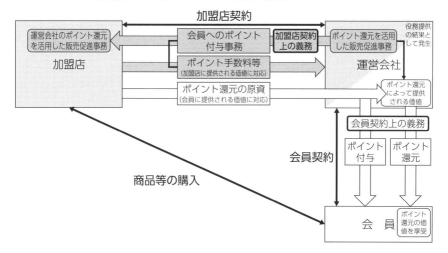

④　どのような場合に「ポイント還元の原資」といえるか

　では，どのような場合にポイント負担金が「ポイント還元の原資」であると
いえるのだろうか。ポイント負担金が原資として収受されるものか，それとも
対価として収受されるものかは，加盟店契約の解釈の問題であるから，当事者
の主観的事情及び加盟店契約に係る客観的事情から総合的に評価されるが，特
に以下の点が重要と思われる。

ア　当事者が対価とすることに合意していないこと

　まず，原則論として，対価は当事者の合意によって形成されるため，当事者
が原資相当額を対価（役務の付加価値）に含めて対価の額を形成することは妨
げられない。逆にいうと，ポイント負担金が原資というためには，少なくとも
当事者が対価としてではなく，原資として収受するものであることを意図して
いるといえなければならないことになる。

イ　役務の対価ではないことの合理性

　次に，ポイント負担金が客観的に見て「ポイント還元の原資」としての性質

を有すると認められなければならない。

　この点については，まず，当該事案において，ポイント負担金をポイント付与という役務の対価として収受せず，対価ではない原資として収受することの合理性が問われる。加盟店が会員と取引を行って新規にポイントが付与された場合，運営会社には当該付与ポイント分だけ会員に対する還元のためのコストが生じるため，そのコストは，実質的公平や応益負担の観点から，コスト発生の原因となった取引（ポイント付与の対象となった加盟店と会員の取引）を行って利益を得た加盟店が負担するべきだということには合理性があるといえるだろうから，一般的な共通ポイントサービスでは一応この点をクリアするものと思われる。

　もっとも，例えば，加盟店がポイント負担金以外に何らの手数料等の対価を支払っていない場合，ポイント負担金が対価でないとすれば，運営会社によるポイントの付与等の販売促進役務は無償で提供されているということになるから，「企業は原則として無償で役務を提供することはない」という経験則を覆すだけの「ポイントの付与という役務を無償で提供することの合理性」が，当該ポイントサービスの趣旨や実施目的等から認められることが必要である。

　他方，加盟店が運営会社にポイント負担金とは別に手数料等の対価を支払っている場合は，一見すると，当該手数料等が役務の対価であり，それとは別に収受されるポイント負担金は対価でなく原資であることが明白のようにも思える。しかし，逆の見方をすると，そのポイント付与という役務は「そもそも有償で提供される性質のもの（取引自体が有償取引）」と評価されるから，これに付随して収受する金銭は，すべて一般的に対価としての性質や趣旨があるのではないかと推認されるようにも思える。したがって，この場合のポイント負担金の対価性が否定されるためには，次に見るポイント負担金とポイント還元額の関係とともに，当該手数料等のみが当該役務の価値に対応するものといえること，例えば，手数料等の金額や算出基準がポイント付与という労務の負担等に照らして合理的であるかといった事情も総合して，ポイント負担金がポイント付与という役務ではなくポイント還元の原資に対応するものと評価できなければならない。

ウ　ポイント負担金がポイント還元額と見合っていること

　ポイントの付与という役務に起因して支払われる負担金がポイント還元の原資の提供であるとして対価性が否定されるのは，それがポイント付与という役務自体とは別の価値，すなわち，当該加盟店に対して行われる運営会社のポイント付与という役務の結果として生じる，新規ポイントの還元コスト（ポイント還元によって提供される価値）に対応するものといえるからである。そうすると，ポイント負担金が，その加盟店で付与されたポイントによって運営会社に生じる還元コスト（ポイント還元額の価値）と見合っていなければ，当該ポイント負担金が加盟店の負担すべき還元コスト（ポイント還元額の価値）に対応すると評価することができない。つまり，ポイント負担金とポイント還元額が見合っていることは，両者が対応関係にあることを客観的に示す重要なメルクマールである。

　一般的なポイント負担金は，付与されたポイント数に比例して算定するものとされているが，このとき，ポイント負担金が運営会社の負担する還元コストを上回るような算出基準が採用されている場合は，還元のための原資以外の性質をも有することになる。このような場合，「対価はコストを含めて形成される性質のものである」という一般則に照らして，たとえポイント負担金の一部に原資としての趣旨が含まれていたとしても，全体として対価としての性質を有するというべきである。

　前記ポイント交換事件においても，交換先ポイントのポイント還元に要する経済的コストをすべて交換先企業が負担しているという事案において，「（交換先企業が）ポイントを付与するという役務を提供する義務を負い，これを履行することにより，提携法人（交換元企業）は上記のような販売促進効果が得られるとしても，……<u>本件ポイント還元に必要な原資の額に見合うものである限り</u>，本件金員は本件ポイント還元の原資としての性格を有するにすぎないのであって，本件ポイント還元を目的とするポイント交換により提携企業が上記のような販売促進効果を得ることをもって，本件金員について本件各提携契約に基づく控訴人の提携法人に対する上記役務の提供の反対給付としての性質を根拠付けることもでき」ないとしており，ポイント負担金とポイント還元に必要

な原資の額の均衡が重視されている。

⑤　原資として「見合っている」とは

　上記のように，ポイント負担金が「ポイント還元の原資」といえるかの判断にあたっては，ポイント負担金が新規に付与されるポイントの還元に必要な原資の額に見合うものであることが重要な要素とされている。では，どのような場合に，ポイント負担金と付与ポイントに係る還元の原資の額が見合っているといえるだろうか。

　実務において見られる最もオーソドックスなパターンとして，「ポイントが1ポイント1円で決済に使用でき，ポイントが使用されると運営会社はポイント精算金等として同額の負担を負うことを前提に，加盟店は付与ポイント1ポイント当たり1円のポイント負担金を支払う」という場合がある。この場合，新たに1ポイントが付与（発行）されると，運営会社は会員に対して1円分の利益を還元することになるから，付与1ポイント当たり1円で算出されるポイント負担金は，ポイント還元に必要な原資の額に見合っているといえる。

　このように，ポイント負担金がポイント還元額と（原資の額として）見合っているかどうかを判断するためには，会員がポイント還元によって1ポイント当たりいくらの利益の提供を運営会社から受けるか（運営会社がいくらの利益を会員に提供するか）を基準としなければならない。そして，1ポイント当たりのポイント負担金が1ポイント当たりの還元額（会員に提供される利益）を上回らない限り，見合っているということになる。以下，ポイント還元の態様ごとに検討する。

　ア　ポイントが決済や値引きに使用できる場合

　ポイントが決済や値引きに使用できる場合は，1ポイント当たりの還元額は明確である。加盟店でポイントが決済や値引きに使用された場合，運営会社は，ポイントによって決済や値引きが行われた分に相当する金銭をポイント精算金として当該加盟店に支払うことが通常であるから，付与1ポイント当たりのポイント負担金のレートが精算金1ポイント当たりのレートを上回っていなけれ

ば，両者は見合っているといえる。

　ポイントが運営会社での決済や値引きに使用される場合も，運営会社はポイントが使用された分の利益を直接会員に還元しているから，ポイント負担金のレートが1ポイント当たりの運営会社での決済額・値引額を上回っていなければ両者は見合っているということになる。

　ポイントが運営会社と加盟店の両方で決済・値引きに使用できる場合も，ポイントの価値はどちらで使用しても同じに設計されるのが通常であるから，当該ポイントの価値（1ポイント当たりの決済額・値引額＝1ポイント当たりの精算金の額）が基準となる。

　イ　ポイントが景品等との交換に使用できる場合

　ポイントが景品やサービスとの交換に使用できるポイントサービスの場合，景品等が加盟店で提供されると，運営会社が加盟店に使用されたポイントに応じて精算金（ポイント精算金）を支払うことが一般的である。ポイント還元の原資とは，運営会社がポイント還元を行うために要する費用の元手であるから，ここでは，付与1ポイント当たりのポイント負担金のレートと，使用1ポイント当たりの精算金のレートが見合っているかを検討することになろう。そうすると，ポイントの付与によって運営会社に生じる還元コストはポイント精算金の範囲にとどまるから，決済や値引きの場合と同様に，ポイント負担金のレートがポイント精算金のレートを上回っていなければ，両者は見合っているといえる。

　他方，加盟店ではなく運営会社においてのみ景品等と交換される場合は，やや事情が異なる。運営会社で景品等との交換が行われる場合，運営会社による会員へのポイント還元は金銭的支出ではなく現物として提供されているため，何が「ポイント還元を行うために要する費用」に当たるのかが問題となる。「ポイント還元を行うために要する費用」という概念を狭く解すると，交換される景品等の仕入額（運営会社が負担する調達費用）ということになるが，景品が物の場合はともかく，運営会社自身がサービスを提供する場合には仕入額が不明確となり，有効な基準として機能しない。

168

　思うに，ポイントの使用によって景品等が会員に給付される場合，会員は当
該景品等の価値を享受するが，それは運営会社から当該価値の移転を受けたこ
とによるから，概念的には運営会社に当該景品等の価値相当分の損失が生じて
いる。この運営会社が提供する価値を，ポイント還元を行うためのコストだと
考えれば，運営会社に必要な「ポイント還元を行うために要する費用」とは，
結局，会員に給付される景品等の価値とイコールということになる。このよう
に考えることは，原資性の根拠をポイント還元によって提供される価値との対
応関係に求める見解と親和性があるだろう。

　この考え方によれば，ポイント還元のための原資の額と見合っているかは，
会員が景品等の給付を受けることによって1ポイント当たりいくらの価値を享
受するか，つまり景品等の時価から算出される1ポイント当たりの還元額を基
準に判断すべきことになる。運営会社で交換される景品等の現物が他で購入で
きる場合は，当該景品等の通常の販売価額を基準に1ポイント当たりの還元額
を算出すべきであり，現物が非売品の場合は，運営会社がそれを入手した価格，
類似品の市価等を勘案して，会員がそれを通常購入することとした場合の価額
を算定し，その価額を基準とすべきであろう[10]。

　このとき，運営会社において，ポイントと交換できる景品等が複数用意され
ている場合はどうだろうか。「原資というためには運営会社がポイント負担金
から対価的利益を取得してはならない」ことを重視すると，複数の景品等のう
ち1ポイント当たりの還元額が最も低い景品等を基準とすることになる（1ポ
イント当たりの還元額が高い景品等については，ポイント負担金は原資の一部
という性質を有し，残部を運営会社が自己負担する制度であるということにな
る。）。例えば，1ポイント当たりの還元額が0.5円の景品Aと，1円の景品Bと，
10円の景品Cがある場合に，ポイント負担金が1ポイント当たり1円とされて
いる場合は，景品Aとの関係では運営会社に差額の収益が生じるため，原資と
して見合っていないということになる。

　しかし，景品等が複数用意されている場合に，ポイントが具体的にどの景品

10　景品等によって提供される価値については，「景品類の価額の算定基準について」（昭和53年
　11月30日事務局長通達第9号）が参考になる。

等と交換されるかは不確定である。ポイント負担金のレートが，あくまでもポイントが使用された場合に生じる運営会社の還元コストを負担する趣旨で定められるものであることからすれば，上記の例でポイントが景品Cと交換される可能性がある以上は，ポイント負担金のレートが景品Cの還元レートと見合っていれば原資性は失われないと解すべきである。ポイントによる還元額がポイント負担金より低い景品等と交換され，その分の余剰を運営会社が取得したとしても，それは結果論であり，ポイント負担金が想定されるポイント還元額の範囲にとどまる以上は，当事者の意図するポイント原資としての趣旨や性質に異なるところはないはずである[11]。

　したがって，ポイント負担金が，１ポイント当たりの還元額が最も高い景品等の１ポイント当たりの還元額を上回っていない限り，ポイント還元の原資として見合っているものと考える。

　もっとも，ポイントの使用によって給付される景品等の内容は運営会社の一存で常に変更されうるし，時価も日々変わるものであるから，加盟店の立場からすればポイント負担金のレートがポイント還元額のレートと見合っているかは判断しにくいし，運営会社が新たに採用した景品等が既存のポイント負担金のレートと見合っていなかったという場合に直ちに対価性の結論が変わるというのは取引の安定を害する。また，ポイントの使用による景品等の給付が運営会社で行われる場合，実質的には運営会社がポイント負担金という売上げを得て自社の商品やサービスを提供しているのであり，ポイント負担金は原資の提供というより運営会社の収益源そのものであるという側面も否定できない。そうすると，ポイントが運営会社でのみ景品等と交換できる（かつ，値引きや決済には使用できない）ポイントサービスでは，ポイント負担金の対価性が肯定されると考えることもできるように思われる。

　ただし，景品等が，運営会社でも加盟店でも交換できる場合は，前述のよう

11　前掲ポイント交換事件において，ポイント交換により付与されたポイントが失効してその分のポイント負担金が交換先企業の収益となるとしても，ポイントの失効はポイント交換契約においては不正規な事態として位置付けられ，ポイント負担金の額にも織り込まれていないから原資としての性格が左右されるものではないとされており，原資の収受から結果的に収益が認識されたとしても，それによって原資性が直ちに失われるものではないと解されている。

に加盟店に対して精算金が支払われる仕組みがあり，加盟店でポイントが使用される可能性がある以上は，精算金のレートを基準として原資性を判断して構わないだろう。

　　ウ　ポイントが決済・値引きにも景品等との交換にも使用できる場合

　では，ポイントが決済・値引きにも，景品等との交換にも使用できる場合はどうだろうか。ポイントが加盟店で決済・値引き及び景品交換に使用される場合に，使用ポイント数に応じて精算金が支払われる場合は，運営会社の還元コストは精算金として具体化するから，その精算金のレートが基準となる。

　他方で，同時に，ポイントが運営会社での決済・値引き及び景品交換に使用できる場合はどうだろうか。この場合も，前述のように，ポイントが加盟店で使用されるか，運営会社で使用されるかは不確定であるから，ポイント負担金が，ポイント精算金と運営会社での使用レートのいずれか高い方を上回っていないのであれば，原資として見合っていると解すべきである。

　このように，ポイント負担金がポイント還元の原資として見合った金額であるといえるかは，ポイント還元によって運営会社が負担することになる還元額のうち，最も還元額の高いレートを基準とし，ポイント負担金のレートが当該還元レートを上回っていないかどうかによって判断すべきだと考える。

　対価性の判断基準が価値の対応関係であるとすれば，ポイント負担金がポイント還元の原資の額と見合っているか否かは，ポイント負担金とポイント還元額の対応関係を客観的に示す指標として重要な要素である。

⑥　実務の観点から

　以上のように，ポイント負担金がポイント還元の原資の提供という性質を有するものと認められればポイント付与の対価ではなく，不課税ということになる。共通ポイントサービスの一般的な仕組みからすれば，加盟店がポイント還元の原資を応益負担する合理性は認められると思われる。そして，現在の多くの共通ポイントサービスでは，１ポイント１円から決済に使用できるものとさ

れており，加盟店からのポイント負担金は，新たに付与されたポイント数×1円とされているから，ポイント負担金は基本的にポイント還元に必要な原資の額と見合っていると評価されるだろう。そうすると，そのようなポイント負担金は，原資の提供として不課税となると解される。

　もっとも，ポイントサービスは多種多様であり，また，日々進化しているため，新たな考慮要素が見出される可能性はある。ポイントサービスを規制する法律や最高裁判所の判断もない状況においては，ポイント負担金の対価性の議論は流動的なものといえる。

　しかし，令和5年10月からインボイス制度が開始されたことで，実務上の重要度は下がるように思われる。すなわち，企業間取引では，課税取引として買手に消費税相当額の負担が生じたとしても，理論上は還付を受ける（仕入税額として控除される）ことになるから実質的な負担は生じない。他方，売手は消費税を納税するが，その部分に係る金銭は買手から受け取っているため，売手にも実質的な負担は生じない。このように，仮にポイント負担金が課税取引だとしても，買手の負担した消費税相当額は最終的には還付されるから，概念的には国に税収入はないことになり，誤解を恐れずにいえば，国としては，ポイント負担金が課税でも不課税でもどちらでもいいということになるのかもしれない。ただし，売手と買手の双方で矛盾がないことは必要であり，インボイスがそれを担保する。国としては，インボイスにポイント負担金が課税取引と記載されていれば，売手から納税を受けて買手に還付し，不課税だとされていればいずれの手続も行わないだけで，税収状況に差はない。

　租税法律主義に基づく適正課税の観点からすれば，課税取引はあくまで課税取引なのであるからこのような発想は問題があるだろうし，また，控除される税額は課税売上割合等によっても異なるから一概に差がないとはいえないが，現実的には，企業間取引においてインボイスの記載に反する課税関係を追及する実益は多くないように思われる（ある意味，これがインボイス制度の実質的な効果ともいえる。）。理論的にも，「インボイスに課税取引であることを記載したのであれば，当事者は対価として収受することを意図した取引を行っていると認定できる」ことが多いだろう。

172

Study 定額のポイント負担金はポイント還元の原資といえるか？

　ポイント負担金が，付与されたポイントに比例しない場合，例えば，ポイント付与数にかかわらず定額であるような場合（そのような事例はあまり一般的ではないが。）はどうか。

　この場合，付与されたポイント数と直接的な関係が見出せない（ポイント付与という役務の提供を受けなくても定額のポイント負担金を支払う）から，ポイント付与という役務の反対給付という性質が基礎付けられず，不課税となるようにも思える。しかし，反対給付でないというためには，ポイント負担金がポイント付与により提供される価値を構成しないといえる場合でなければならないから，逆に，なぜ加盟店がそのようなポイント負担金を支払わなければならないか（なぜポイント負担金がポイント付与という役務の価値に対応しないといえるのか）が問われることになる。

　この場合のポイント負担金が何の役務の反対給付にもならないことは，「共通ポイントサービス全体の維持，実施のための共同負担金」という形式的公平の観点から根拠付けられる。つまり，ポイント還元は運営会社と全加盟店によって共同して実施され，そのために要する負担を共同で分担するという趣旨・性質によって，原資の拠出が反対給付とならない（原資の拠出はポイント付与という役務に含まれる価値ではなく，それとは別の本来加盟店自身の負担すべき事務費用の拠出）と考えられる。

　このように，定額の場合のポイント負担金が原資として不課税となるのは，ポイント還元が，運営会社のみならず加盟店自身の事務という側面を有している場合ということになる。しかし，前述のように，ポイント還元は基本的に運営会社の会員に対する義務であり，加盟店には会員に対してポイント還元を行う義務はないから，このようなポイント負担金は，本来加盟店自身が負担すべき事務費用としての原資の拠出とはいえず，実質的にはポイント付与という役務の販売促進効果の価値の一部として対価性を有すると解される。

Study　　　「ポイントの失効」はポイント負担金の
　　　　　　　課税関係に影響を与えるか？

　自社完結型と共通ポイントサービスの別を問わず，一般的なポイント
サービスでは，ポイントには有効期限があり，一定期間使用せずに放置し
ているとポイントが消滅する[12]。いわゆるポイントの「失効」である。

　会員のポイントが失効した場合，もはや当該ポイントが使用される余地
はなくなるため，運営会社には，その分のポイント還元に係る経済的負担
はなくなり，加盟店が運営会社に支払ったポイント負担金がポイント還元
の原資として使用されることもなくなる。この場合でも，一般的な共通ポ
イントサービスでは，運営会社がポイント失効分のポイント負担金を加盟
店に返還することにはなっていない[13]。そのため，結果的には，失効ポイ
ント分のポイント負担金は運営会社の収益となる。そこで，そのような性
質が内在するポイント負担金の対価性を否定してよいかという問題が生じ
る。

　そもそも，ポイントの失効という事態は，ポイントサービスを実施する
趣旨からすれば例外的な事態であり，ポイント負担金の算定においてもポ
イント失効の可能性は考慮されておらず，あくまでもポイントが使用され
る（消却コストが予定どおり生じる）ことを前提とされているから，少な
くともポイント負担金の収受の時点では，それが運営会社の収益となるも
のとしては考えられていないだろう。

　取引において収受される金銭の趣旨や性格は，収受の時点で確定してい
るから，その時点で原資としての性格のみを有するのであれば，その後に
そこから収益が生じても，原資というポイント負担金の性格には変わりが

12　楽天ポイント，ｄポイント等の有名な共通ポイントサービスにおいても，1年や2年といっ
　　た有効期限があり，ポイント付与（獲得）から一定期間ポイントを利用しないと当該ポイント
　　は消滅するとされている。一方で，有効期限がないポイントも存在する。
13　例えば，楽天ポイントパートナープログラム端末スキーム加盟店規約第11条第2項（https://
　　pointcard.rakuten.co.jp/guidance/partner_terms/最終閲覧2024年3月28日）。

ないということができる（ポイントの失効が確定したらその部分について既に収受したポイント負担金から収益を認識するにすぎない。）。

　したがって，結果的にポイント失効という事態が発生するとしても，ポイント負担金の原資としての性格が失われるものではないというべきである。

Ⅲ　共通ポイントを使用する場合の課税関係

1　様々なポイント還元

　共通ポイントサービスでも，ポイントを景品等と交換できたり，商品の購入時に代金の支払いに使用できたりするなど，その還元内容は様々である。なお，ポイント還元の内容は1種類とは限らず，むしろ有名な共通ポイントサービスでは，ポイントの還元内容が複数用意されているのが通常である。

　また，ポイントは加盟店で使用できる場合が多いが，運営会社自身でも使用できるというケースも少なくない。

2　問題の所在

　共通ポイントが使用される場面では，まず，ポイントが使用された運営会社や加盟店と会員の取引に係る課税関係が問題となる。この点に関しては，前述した自社完結型ポイントサービスの議論が当てはまることが多いので，適宜参照されたい。

　次に，ポイントが加盟店で使用された場合，加盟店は，ポイントが使用されたこと，すなわち，加盟店がポイントの使用によって会員に利益を供与したことで負う経済的負担の補填として，運営会社から使用されたポイント数等に応じた「ポイント精算金」等の金銭を収受するのが一般的であるため，加盟店が運営会社から収受するポイント精算金に係る課税関係が問題となる（**図表6－**

4参照)。

　以下では，共通ポイントサービスにおけるポイント使用の類型ごとに課税関係を検討するが，順を追って理解するために，まずは現在主流となっている決済型の共通ポイント（購入代金の支払いに利用できる共通ポイント）について検討し，そこでの議論を踏まえて景品交換の場合について検討し，最後に，対価の値引きに利用できるポイントについて考察する。

【図表6－4】　共通ポイントの使用のイメージ

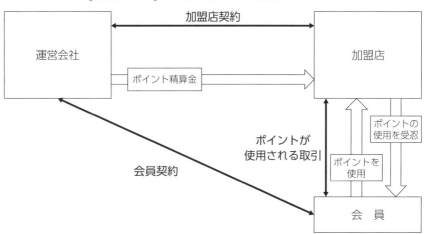

　なお，運営会社でポイントが使用された場合，運営会社自身が加盟店から収受したポイント負担金を振り替えて取得することも考えられるが，ポイント負担金は，その支払いの時点で販売促進役務の対価として課税されるか，原資として不課税とされるものであるから，ポイント使用時に別途ポイント負担金を支出した加盟店と運営会社との間で課税取引が生じるものではない。ポイント負担金の振替はあくまで運営会社内部での処理であり，取引ではない。したがって，運営会社がポイント負担金を振り替えて収益として取得したとしても，加盟店との間で課税関係は生じない。

3 ポイントが購入代金の支払いに使用できる場合

⑴ 購入代金の支払いに使用できる共通ポイント

　現在の一般的な共通ポイントサービスでは，運営会社の発行するポイントが，運営会社や加盟店で商品やサービスを購入する場合の代金の支払いに利用できるというタイプが多い。支払いに利用できるポイントの単位や単価は，1ポイント：1円として1ポイントから利用できるという場合が多いが，例えば，100ポイントから利用できるなど利用単位を設定する場合や，10ポイント：1円などのように単価を設定する場合もある（本書では特に断らない限り，1ポイント：1円で1ポイントから利用できる場合を想定する。）。

　また，通常は，会員がポイントを決済に利用する意思を表示した場合にポイントが決済に利用されることが多いが，会員の意思にかかわらず一定のポイント数が貯まった場合や一定の期間に貯まったポイントが自動的に決済に利用されるような場合もある。

　このようなポイントサービスでは，いずれにしても，加盟店と会員との間に，ポイントによる決済の対象となる商品・サービスの購入取引が存在する。そのため，ポイント使用の課税関係は，ポイントの使用が商品・サービスの購入取引に係る課税関係にどのような影響を与えるか（与えないか）及び当該購入取引との関係でポイント精算金の収受をどのように評価すべきであるかという点が問題となる。

⑵ 国税庁が提示した決済型の共通ポイントサービスの処理例

　ポイントが購入代金の支払いに利用できる場合について，国税庁は，令和2年1月に，「共通ポイント制度を利用する事業者（加盟店A）及びポイント会員の一般的な処理例」を公表した（図表6－5参照）。国税庁の処理例では，共通ポイントサービスに関わる事業者（加盟店）と共通ポイント会員における会計処理と消費税の取扱いの例が示されている。

　この処理例では，①加盟店と運営会社との取引（ポイント負担金及びポイント精算金）について，対価性がなく消費税は不課税であるとされており，②ポ

イントを使用した会員については，ポイント使用前の通常の販売価額が課税仕入れとなるとされている。

　この処理例は，共通ポイントサービスに係る課税関係について一定の見解を示したものという点で意義があるが，以下の点に注意する必要がある。

　第一に，この処理例は，ポイント使用時に決済手段として機能するポイント（本書でいう決済型のポイントサービス）を想定しているものと思われるが，対価の値引きに使用できる共通ポイントサービスについて同様の結論を採るかは不明である。国税庁は，タックスアンサー№6480「事業者が商品購入時にポイントを使用した場合の消費税の仕入税額控除の考え方」で，ポイント使用が「対価の値引き」であるポイントサービスの存在を認めているから，商品等の購入時に利用できるポイントサービスが常に決済型であると考えているわけではないだろう。したがって，この処理例が商品等の購入時に利用できるポイントサービスのすべてに通用するものとは限らず，対価の値引きに利用できるポイントの場合は別途検討が必要ということになる。

　第二に，この処理例では，加盟店と運営会社との取引（ポイント負担金及びポイント精算金）は不課税であるとしているが，注意書きに「対価性がないこと（消費税不課税）を前提とした処理としている。」との記載があり，決済型の共通ポイントサービスにおいても，設計次第ではこれらの金銭の収受が何かしらの「対価」となりうることが考慮されている。したがって，この処理例は，決済型であれば常にポイント負担金やポイント精算金が不課税であるとするものではない（もっとも，この処理例では，どのような設計であれば課税取引となるかについては，特に見解や指針は明らかにされていない。）。

　第三に，この処理例では，ポイントを使用した会員はポイント使用前の通常の販売価額が課税仕入れとなるとしており，ポイントが決済に使用されたとしても，何ら会員の課税取引に影響を与えるものではないと考えられている。加盟店には通常の販売価額の代金債権が発生したことになるが，会計処理の例を見る限り，加盟店は未収金としてポイント精算金を受領することが前提とされている。つまり，国は，決済型の共通ポイントサービスについて運営会社がポイント精算金を通じて会員の債務を弁済する仕組みであると考えているものと

178

【図表6-5】 共通ポイント制度を利用する事業者（加盟店A）及びポイント会員の一般的な処理例

○ 共通ポイント制度を利用する事業者（加盟店A）及びポイント会員の一般的な処理例

【前提となる制度の概要】
・B社が運営する共通ポイント制度は、会員が加盟店で100円（税込）の商品を購入することに1ポイント付与。加盟店はポイント付与分の金銭をB社に支払う。
・1ポイントは1円相当で、加盟店の商品購入に使用できる。ポイント使用分にはポイントが付与されない。加盟店はポイント使用分の金銭をB社から受領する。
・設例の取引における消費税率は10%とする。

(単位：円)

	会計処理（税抜経理方式）	会計処理（税込経理方式）	消費税の取扱い
ポイント付与時	**売手（加盟店A）** （11,000円（税込）の商品を販売。B社から会員に110ポイント付与） 現金等 11,000 / 売上 10,000 ポイント費用 1,000 / 仮受消費税 110 　　　　　　　／ 未払金 110 **買手（会員）** 仕入 10,000 / 現金等 11,000 仮払消費税 1,000	**売手（加盟店A）**（同左） 現金等 11,000 / 売上 11,000 ポイント費用 110 / 未払金 110 **買手（会員）** 仕入 11,000 / 現金等 11,000	**売手（加盟店A）** 課税売上げの対価 10,000 課税売上げに係る消費税額 1,000 ポイント費用（不課税）（注） 110 **買手（会員）** 課税仕入れの対価 10,000 課税仕入れに係る消費税額 1,000
B社への支払時	**加盟店A**（会員に付与された110ポイント相当額をB社へ支払） 未払金 110 / 現金等 110	**加盟店A**（同左） 未払金 110 / 現金等 110	**加盟店A** —
ポイント使用時	**売手（加盟店A）** （220円（税込）の商品を販売。会員が110ポイント使用して決済） 現金等 110 / 売上 200 未収金 110 / 仮受消費税 20 （この取引にも1ポイント付与されるが、説明の便宜上、省略） **買手（会員）** 消耗品費 200 / 現金等 110 仮払消費税 20 / 雑収入 110	**売手（加盟店A）**（同左） 現金等 110 / 売上 220 未収金 110 / **買手（会員）**（同左） 消耗品費 220 / 現金等 110 　　　　　　 / 雑収入 110	**売手（加盟店A）** 課税売上げの対価 200 課税売上げに係る消費税額 20 **買手（会員）** 課税仕入れの対価 200 課税仕入れに係る消費税額 20 雑収入（不課税） 110
B社から受領時	**加盟店A**（会員が使用した110ポイント相当額をB社から受領） 現金等 110 / 未収金 110	**加盟店A**（同左） 現金等 110 / 未収金 110	**加盟店A** —

（注）加盟店（A）とポイント制度の運営会社（B社）との取引については、対価性がないこと、消費税不課税（消費税不課税）各制度として処理としている。
ポイント制度の規約等の内容によっては、消費税の課税取引に該当するケースも考えられる。

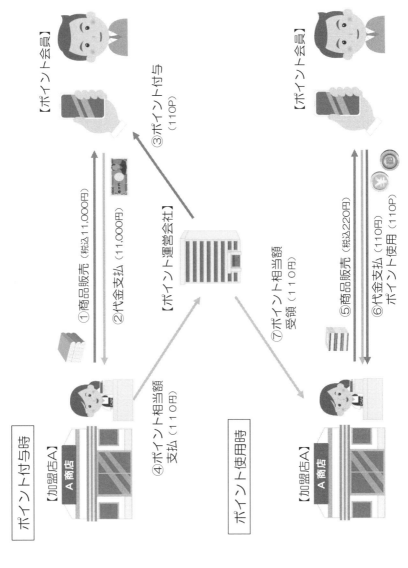

○　共通ポイント制度を利用する事業者（加盟店A）及びポイント会員の取引の概要

ポイント付与時

【加盟店A】
A商店

【ポイント会員】

①商品販売（税込11,000円）

②代金支払（11,000円）

③ポイント付与（110P）

【ポイント運営会社】

④ポイント相当額
支払（110円）

ポイント使用時

【加盟店A】
A商店

【ポイント会員】

⑤商品販売（税込220円）

⑥代金支払（110円）
ポイント使用（110P）

⑦ポイント相当額
受領（110円）

いえる。しかし，決済型の共通ポイントサービスが，常に運営会社が会員に代わって代金を弁済する仕組みであるとは限らない。ポイント精算金がどのような趣旨・性質のものであるかは，ポイントサービスの設計によるから，具体的事案においてなぜポイント精算金が運営会社による代金の弁済であるといえるのかは，慎重に検討されるべきである。

　このように，処理例にはいくつか留意すべき点があるが，想定されているのは比較的一般的な決済型の共通ポイントサービスであるから，実務上参考にすべき点は多い。ただし，この処理例は，なぜそのような処理になるのかについては言及していないから，いずれの結論を採るにしても，その理由を探求することが求められる。

　以上の点に留意しつつ，以下では，購入代金の支払いに使用できる共通ポイントサービスの課税関係について，①会員と運営会社・加盟店の課税関係と，②ポイント精算金を受領する加盟店と運営会社の課税関係に分けて検討する。

(3)　会員と商品等を販売する運営会社・加盟店の課税関係
①　消費支出における対価の合意と現実の支出の関係

　消費税は，課税資産の譲渡等の対価の額を課税標準とする（消法28条1項）が，決済型の共通ポイントサービスでは，会員が運営会社や加盟店から商品やサービスを購入する際にポイントを使用すると，使用した分だけ当該購入代金の支払いをする必要がなくなる。

　この点，購入代金の支払いに利用できるポイントが使用される取引では，ポイントが使用された分だけ会員の消費支出が減少するものと考えて，ポイント使用後に会員が実際に支払う代金額が当該取引の対価の額となるとする考え方がある[14]。確かに，もし代金の全額にポイントが使用された場合には，会員は実質的に無償で商品やサービスの給付を受ける結果となるから，そこに課税対象となる消費支出はないようにも思える。

　しかし，これまでも論じてきたように，消費支出に担税力を見出す消費税法

14　佐藤修二「共通ポイントと消費税」税経通信74巻12号（2019）13頁。

は，資産の譲渡等について当事者が収受すべき対価の額を課税標準としており，当事者が資産の譲渡等について対価を合意した場合には，それを課税対象たる消費支出と捉えて課税するという思想に基づいて設計されている。つまり，対価の額が合意された取引によって商品やサービスが給付される場合に，それらの給付を受ける者が実際に対価相当額の経済的支出を行うか否かは，消費税法の想定する消費支出とは直接関係がない[15]。したがって，ポイントが代金の支払いに使用される取引においてどのような消費支出があるかは，会員の経済的負担ではなく，当事者の対価に係る合意内容によって判断されるべきである。

②　会員と運営会社・加盟店との対価の合意

　では，購入代金の支払いに使用できる共通ポイントサービスでは，ポイントが使用される取引について，会員と運営会社・加盟店との間にどのような対価の合意があるといえるか。

　会員は，運営会社との会員規約等に基づいてポイントを使用するから，ポイントがどのような取引を前提に使用されるものかは，会員規約等に従って決定される。一般的な会員規約等には，「1ポイント当たり1円で購入代金の支払いに利用できます。」というような規定が置かれているが，商品等の「購入代金」は，課税取引から生じる資産の譲渡等の反対給付であるから，ポイントによる支払いの対象となる「代金」は，会員が行う取引において対価の額として合意された資産の譲渡等の反対給付を意味するものといえる。このときに会員が行うのは，通常の販売価額が表示されている商品等の購入であるから，この購入代金（対価の額）とは，通常の販売価額を意味する。そうすると，会員と運営会社は，ポイントが使用される対象が，対価の存在する取引，すなわち課税取引であることを前提にしていることになる。

　その上で，ポイントはその「購入代金」の「支払い」に利用できるとされている。「代金の支払い」とは，一般的な用語の解釈として，代金債務の弁済を

15　消費税法基本通達12−1−7で債務免除が対価の返還等に当たらないとされていることは，実際に代金を支払ったかと消費税の課税対象である消費支出（対価）は直接関係がないことを示しているものといえる。

意味するから，その意味でも当事者は通常の販売価額を対価とする合意の存在を前提にしているといえる。

　他方，ポイントが使用される加盟店では，運営会社との加盟店契約において，会員がポイントを使用した場合は，「購入代金等の一部又は全部に充当するものとします。」といった規定が置かれているのが通常であり，ポイントが使用される対象が商品等の購入代金であること，ポイントがその代金に充当されることが運営会社との間で合意されている。充当とは，一般的な用語として「あてること」を意味し，「購入代金に充当」という言葉のみではそれが代金額（対価の額）を減少させるのか，代金額（代金債権）の存在を前提に消滅させるのかが明確ではないが，上述した会員規約等の「支払いに利用」という用語と合わせて解釈すれば，民法488条1項の「弁済を充当すべき債務」と同様に，ポイントは代金の支払い（債務の免責）として充当されるものを意味すると解される。共通ポイントサービスでは，概ねこのような用語が用いられており，今日の社会認識も合わせて考えれば，一般的に同様に解釈できるだろう。

　（なお，一般的な共通ポイントサービスでは，加盟店でポイントが使用された場合は，使用ポイント数に応じて運営会社からポイント精算金が支払われることになっている。このポイント精算金は，ポイントの使用によって会員が受けた利益の額（代金への充当額）と同額に設定されていることが多いが，会員にとっては運営会社と加盟店のポイント精算金に係る合意内容を知る立場になく，実際のところ，そのレートが本当に自身の受けた還元額（代金への充当額）と同じかはわからないから，ポイント精算金の存在が，会員が運営会社や加盟店と行う取引の対価に係る合意の考慮要素になるとは言い難い。そのため，これを会員と加盟店等との取引の対価の合意内容を判断するための重要な要素であると位置付けることはできないと思われる。）

　このように，会員と運営会社・加盟店は，少なくとも，ポイントが使用される取引が，ポイント使用前の通常の販売価額を対価とする取引であるという認識を有するものといえるから，そこではポイント使用前の金額を対価の額とする課税取引が成立しているというべきである。

　なお，このようなポイントが運営会社での決済に使用される場合でも，会員

規約等に基づくポイントの性質は変わらないから，加盟店で使用される場合と同様に，会員との間には通常の販売価額を対価の額とする合意が成立していると解される。

③　支払いに使用できるポイントが対価の額を減少させるか

このように，会員と運営会社・加盟店でポイント使用前の販売価額を対価の額とする課税取引が成立すると考えた場合，支払いに利用できるポイントの使用は消費税の課税関係に影響を与えるだろうか。

この点，支払いに利用できるポイントを「対価の値引き」であると解する見解がある[16]。この見解の「対価の値引き」が意味するところは必ずしも明らかではない[17]が，実質的に消費支出を減縮させるものであることを意味すると思われ，ポイントを使用した場合には，使用ポイント相当額が対価の額から控除され，最終的にポイント使用後の金額が消費支出の額（対価の額）であるとする。

しかし，前記のような会員規約や加盟店規約の文言から，ポイントが「対価の値引き」として機能するものであることを読み取ることはできないだろう。一般的なレシート等も，合意された課税取引の対価の額が減額されたことを示す記載はないことが多い。

また，「対価の値引き」であるとする見解は，会員と運営会社・加盟店は，ポイント使用後の金額を当該取引の対価として収受することに合意し，実際にその金額を収受するのだから，課税標準となる「対価として収受すべき金額」はポイント使用後の金額をいうべきだとする。しかし，「対価として収受すべき金額」は当事者の合意によるから，それが実際に当事者で収受される金額と

16　佐藤・前掲注14・14頁，朝長英樹「共通ポイントの消費税の処理」TKC WEBコラム（2023年9月19日公開）（https://www.tkc.jp/consolidate/webcolumn/contribution/column202309_1/　最終閲覧2024年3月28日。以下「朝長論稿」という。）参照。

17　対価の値引きであるとする見解が，消費税法38条1項の「値引き」として同条の適用を受けるべき対価の額の減額であるとするのか（対価値引型），それとも，当初よりポイント使用後の金額が対価の額として成立すると考えているのか（対価形成型）は不明であるが，ポイント使用後の金額を実質的な消費支出と捉えることは共通しているから，本文でも，そのような何を消費支出と見るべきか，という点から検討する。

必ずしも一致しないことはもとより，当事者で実際に収受することに合意した金額が直ちに「対価として収受すべき金額」を意味するものではない。例えば，クレジットカードの立替払いのように，当事者において対価の額について合意した場合に，その金額を取引当事者以外の者が支払うこととする取引は一般的に行われており，当事者による現実の出捐を伴わずとも，対価の合意としての性質に影響を及ぼすものではない。

　対価の合意の本質は，当事者が商品やサービスの給付と引換えに相手方に給付すべき価値を合意する点にある。この合意された反対給付の価値（対価の額）を消費支出と捉えて課税するのが消費税法の趣旨・仕組みである。したがって，一旦反対給付に係る価値が合意された場合には，その金額の消費支出が存在するものとして課税関係が捉えられる。

　このような対価の合意の本質からすれば，購入代金の支払いに使用できるポイントが当事者の合意した対価の値引き（対価の減額）に当たるというためには，それが，当事者が合意した反対給付として相手方に給付されるべき価値（当該商品等の交換価値）を減少させる性質を有するものといえなければならない。しかし，「支払いに利用できる」という文言から，商品等の交換価値を減少させるという意図を読み取ることは困難である。むしろ，合意した反対給付の決済方法を定めたものと解するのが自然な解釈であろう。特に，電子マネーや暗号資産等の決済手段が多様化した現在において，このような文言が対価の精算方法を意味しないと解することは社会通念上困難であるといわざるを得ない。

　したがって，購入代金の支払いに使用できるポイントは，当事者の合意した対価に係る代金の精算方法，決済手段として合意されたものであり，当事者間で成立した課税取引の対価の額には影響を与えないというべきである。

　以上から，会員と運営会社・加盟店との間には，ポイント使用前の通常の販売価額を対価の額とする課税取引が成立し，会員が事業者の場合は，ポイントの使用によって代金の支払いを免れたとしても，通常の販売価額を対価の額とする課税取引が成立している以上，当該対価の額に係る課税仕入れが認められると解される。

　なお，タックスアンサーNo.6480「事業者が商品購入時にポイントを使用した場合の消費税の仕入税額控除の考え方」も，ポイント使用が「対価の値引きでない」場合には，商品対価の合計額（全額）が購入者の課税仕入れに係る支払対価の額となるとしている。

　もっとも，このように解すると，ポイントが景品交換に使用された場合に会員が無償で景品等の給付を受けることが不課税取引である（後記4参照）のに，代金の全額に決済型のポイントが使用された場合に会員が支出をすることなく商品等の給付を受けることが課税取引とされることについて，バランスを欠くようにも思える。しかし，消費税法は消費支出に課税するためにあくまでも当事者の合意によって形成された対価の額を課税標準とするから，対価の額が合意されない景品交換の場合と対価の額の合意の下に商品等を購入する決済型の場合を同視することはできない。

　また，従来，ポイントサービスは企業による会員に対する無償の特典給付とされていたこととの関係において，支払いに利用できるポイントをどのように位置付けるべきかについては，後述の「Study　代金の支払額が減少する共通ポイントをすべて「値引き」と見る見解」を参照されたい。

⑷　加盟店と運営会社の課税関係（ポイント精算金の課税関係）

　前述のように，決済型の共通ポイントサービスでは，加盟店でポイントが使用された場合，運営会社から加盟店に対して，使用ポイント数に応じたポイント精算金が支払われるのが一般的である。そこで，このポイント精算金の課税関係が問題となる。

　まず，前提状況として，運営会社は，会員に対して所定のポイント還元を行う義務を負っており，その実現のために加盟店と加盟店契約を締結している。加盟店は，この運営会社との加盟店契約に基づき，ポイント決済を希望する会員に対して，購入代金の支払いにポイントを充当する義務を負っている。そのため，加盟店が会員によるポイントの使用に応じた処理・取引をすることは，運営会社の行うべきポイント還元に協力する性質のものであり，加盟店の運営会社に対する加盟店契約に基づく役務の提供ということになる。そうすると，

186

ポイント精算金は，この加盟店による運営会社への役務提供の対価であると考える余地が生じる。

しかし，そのように解すると，会員にポイント決済によって商品等を販売した加盟店の使用ポイント相当額に係る売掛金の帰趨が問題となる。つまり，加盟店にはポイント使用前の金額の売掛金（代金債権）が生じているところ，使用ポイント相当額については会員から回収されないことになる。私法上，1度生じた債権は，法所定の債権消滅事由によらずして消滅することはないから，加盟店の代金債権が結果として消滅するのであれば，それらの事由に基づいていることになる。ここでは，無効や解除，消滅時効等の遡及的な消滅事由は問題とならないから，弁済や免除などの民法473条以下に規定される債権消滅事由[18]の該当性が問題となるが，加盟店が誰からも弁済を受けないのだとすれば，債権消滅事由としては免除（債権放棄）ということになる。

しかし，売掛金というものは，一般的・抽象的にいえば，弁済によって消滅することが予定されているものである一方で，共通ポイントサービスの場合は，会員から回収されないこととなった金額について，運営会社からポイント精算金を収受することになっている。そこで，この未収となる売掛金とポイント精算金の関係について，それが売掛金の弁済としての性質を有するかどうか検討しなければならない。

ポイント精算金は，通常，①使用されたポイント数に応じて算出されるものであり，②1ポイント当たりの精算金の額は，会員が決済に利用できる1ポイント当たりの金額と同じように設定されていることが多い（少なくとも，使用ポイント相当額を超える金額がポイント精算金として支払われる事例はないだろう。）。このように，ポイント精算金は，①決済に使用されたポイント数に応じて支払われるものであり，②決済に使用された金額と同額となるように設定されていることから，ポイントの使用によって会員から回収されないこととなった売掛金との客観的な関連性が認められる。

このような関係に基づいて支払われるポイント精算金について，「加盟店が

18　民法は，第3編第1章第6節「債権の消滅」において，債権の消滅原因として弁済，相殺，更改，免除，混同を規定する。

使用ポイント相当額の売掛金を放棄して，それとは別に同額の金銭を収受する取引である」と見るのは，経験則に照らして妥当な解釈とは言い難く，先述した売掛金の一般的性質や使用ポイント相当額とポイント精算金の関連性[19]からすれば，ポイント精算金は，ポイント決済によって未収金となった，加盟店の代金債権の弁済の趣旨で運営会社から支払われるものと解するのが，ポイントサービス（加盟店契約）の趣旨に沿うと思われる。

したがって，ポイント精算金は，加盟店が会員との間で行った課税取引の弁済金の収受として不課税ということになり，加盟店の課税売上げ（運営会社の課税仕入れ）とはならないと解される[20]。

なお，このように，ポイント精算金が売掛金の弁済としての性質を有すると解すると，このポイントが運営会社自身で使用された場合には，運営会社は誰からも売掛金を回収しないことになる。しかし，その場合でも，ポイントサービスの内容や効果はポイントが使用された相手方で異なるものと解することはできない。よって，運営会社でポイントが使用されても，加盟店で使用されたのと同様に，会員との間でポイント使用前の通常の販売価額を対価の額とする課税取引が成立し，運営会社は回収されないこととなった使用ポイント相当額の売掛金を自社の負担で消却することになる。

19　逆に，ポイントの使用にかかわらずポイント精算金が支払われる場合や，ポイント決済額とポイント精算金の額が異なる場合は，ポイント精算金が未収金の弁済に充てられるものということは直ちにはできないだろう。もっとも，ポイント決済額よりポイント精算金の額が小さい場合に，代金の一部の授受として認められる事情がある場合には，ポイント精算金は代金の一部の趣旨であるという余地はある。
20　決済型のポイント精算金を不課税とする見解として鍋谷・前掲注5・473頁。なお，錦織・前掲注7・78頁は，会員の取引をポイント使用前の価額の課税取引と考えた場合は，ポイント精算金は不課税と考えるのが一般的であるとする。

188

【図表6−6】　決済型のポイント精算金のイメージ

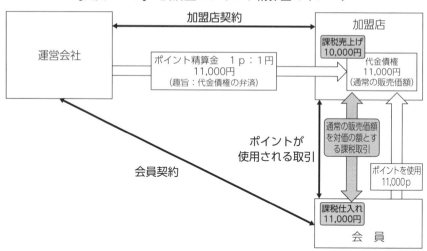

Study　ポイント精算金が弁済の性質を有することの法律構成

　本文のように，決済型のポイントサービスのポイント精算金は，ポイントの使用によって未収となった債権の弁済として機能するものと解されるが，その具体的な法律構成にはいくつかの考え方がある。

　代表的な考え方の一つは，運営会社は，ポイントサービスに基づいて，本来会員が加盟店に対して負う代金債務について，ポイント精算金という名目で「会員に代わって弁済する」のだとする考え方である（「代位弁済」構成）。この考え方では，加盟店規約に基づく運営会社と加盟店のポイント精算金の支払いに関する合意は，決済に使用されたポイント相当額の部分に関する限り，ポイント精算金を通じた代位弁済の合意（会員に対する売掛金を運営会社が弁済する合意）ということになる。そうすると，決済型の共通ポイントサービスは，「加盟店が商品等の代金を会員と運営会社の双方から受領する仕組み」だと考えることになる。

　なお，代位弁済だとすると，運営会社は，本来の債務者である会員に対

して求償権を獲得するはずであるが，もちろん，運営会社が会員に対して
求償権を行使することは想定されていないため，求償権の不行使又は不発
生という特約付きの代位弁済であると説明することになるだろう。

　もう一つの代表的な考え方は，運営会社は，会員のポイント使用によっ
て，会員の負う代金支払債務を会員から完全に引き受け，運営会社は引き
受けた債務（元々は会員の加盟店に対する代金債務）を自己の債務として
加盟店に弁済するのだとする考え方である（「免責的債務引受」構成）。運
営会社が会員の債務を弁済するという点では代位弁済と同じであるが，運
営会社が「他人の債務を代わりに弁済する」のか「自己の債務として弁済
する」のかという点が法律的に異なる。

　免責的債務引受は，①債権者と引受人の契約，又は，②債権者の承諾を
前提とする債務者と引受人との契約によってもすることができる（民法
472条）。したがって，加盟店と運営会社の加盟店規約又は会員と運営会社
との間の会員規約（及び加盟店規約に基づく加盟店の承諾）によって，免
責的債務引受の効果を生じさせることが可能である。もちろん，債権者・
債務者・引受人の三面契約によってすることもできる。

　なお，引受人は，免責的債務引受により負担した自己の債務について，
その効力が生じた時に債務者が主張することができた抗弁をもって債権者
に対抗できるとされている（民法472条の2）ことについては，実際には，
抗弁の承継は生じないとの特約付きの免責的債務引受であると説明するこ
とになるだろう。

　ここでの議論については，同じく決済手段として機能する電子マネーの
法的性質論が参考になるだろう。しかし，電子マネーの法的性質論につい
ても見解は統一されているとは言い難く[21]，議論の蓄積を待つほかない。

21　北浜法律事務所編『バーチャルマネーの法務〔第2版〕—電子マネー・ポイント・仮想通貨
　を中心に—』（民事法研究会，2018）123頁参照。

4 ポイントが景品等との交換に使用できる場合

(1) 景品等との交換に使用できる共通ポイント

ポイントが貯まると景品等の給付を受ける（ポイントと交換できる）というのは，本来的にはポイントサービスの特典として最もオーソドックスなものである。共通ポイントサービスにおいても，ポイントが景品等との交換に利用できる場合があり，会員との規約において，「ポイントは購入代金の支払い又は運営会社の指定する商品等と交換することができます。」というように，特典の内容として購入代金の支払いに利用できる旨と景品等と交換できる旨が併記されるものが多い。

景品等との交換は，運営会社で行われる場合も，加盟店で行われる場合もありうるが，ポイント還元が運営会社のサービスであることから，給付される景品等の種類や内容は，運営会社が決める（同意する）ことが多いように思われ，実際のところ，ポイントによる景品交換は運営会社で行われることがほとんどのようである。

(2) 会員と景品等を給付する運営会社・加盟店の課税関係

ポイントは，会員に対する特典を表章するものとして無償で会員に付与されるものである。所定のポイントが貯まり，ポイントを景品等と交換する（ポイントを使用して景品等の給付を受ける）場合，景品等の給付は，会員とのポイントサービスという契約に基づいて，特典として無償で行われるものであり，当該景品等の給付という資産の譲渡等についての対価の合意は原則として存在しない。

これは，景品交換に利用されるポイントが同時に決済にも利用できるポイントである場合でも異ならない。会員規約等には，ポイントの特典内容として，決済での利用と景品交換での利用は並列するものとして定められているから，制度としては別の特典内容として設計されているものといえる。また，当事者の認識としても，ポイントを決済で使用することと，ポイントを景品等に交換することは，商品等を購入する際に決済に使うのか，景品等をもらうのかとい

う点で異なるから，景品等との交換の場合に対価の額の合意が形成されること
はない。

　したがって，たとえ景品等に交換できるポイントが，同時に決済の場合に1
ポイント1円で利用できるとされていても，景品交換の場合に「交換に必要な
ポイント数×1円」という対価の額があると見ることは困難である。よって，
ポイントを景品等と交換する会員は，運営会社・加盟店から無償で景品等の給
付を受けるものであり，対価のない無償取引として，原則として課税関係は生
じないと解される。

　ただし，例えば1ポイント当たり1円で決済にも利用できるポイントが景品
交換にも利用できる場合に，景品等の給付に必要なポイント数について，明確
に「ポイントで支払う」，「ポイントで購入する」というような表現が用いられ
ている場合には，景品等はポイント決済の場合と同様，1ポイント当たり1円
の価値と交換されるものと認識していると認められる余地はある。そのような
場合，ポイントを決済で使用する場合と制度的に異ならないといえるから，決
済で使用される場合のポイントの価値レートに従った金額を景品等の対価とす
る合意があると解される可能性はあるだろう。特に，加盟店で景品等と交換で
きる場合には，加盟店は交換に使用されたポイント数に基づいてポイント精算
金という金銭を受領することが一般的であるが，ポイント精算金のレートが決
済で使用される場合のレートと同じならば，ポイント決済の場合と同様に，ポ
イント精算金を給付される景品等の対価の弁済と見るべき場合があるように思
われる。

(3)　加盟店と運営会社の課税関係（ポイント精算金等の課税関係）

　加盟店においてポイントが景品等との交換に使用される場合，加盟店は会員
からは何の対価も受領しないため，加盟店には給付した景品等に係る経済的損
失が生じる。そこで，運営会社は，加盟店に対して，ポイント精算金等の金銭
を交付することがある。

　交付される金額の算定方法は，運営会社と加盟店で別途合意される場合も，
決済で使用された場合のポイント精算金と同様に，使用されたポイント数×1

192

円というように一律に算定することとしている場合も，景品ごとに支払金額が決まっているという場合もあるだろうが，いずれにしても，加盟店としては，会員に対する景品等の給付に起因してこれらの金銭を受領することから，この金銭の課税関係が問題となる。

① 加盟店の運営会社に対する役務の提供があるか

まず，加盟店は，運営会社に対して何らかの役務を提供しているといえるだろうか。

この点，加盟店が会員に対して行う景品交換等のポイント還元の実施は，加盟店が運営会社からポイントサービス全般という販売促進役務の提供を受けるために必要な業務にすぎないものであり，加盟店としての当然の負担であるから，これを運営会社に対する役務の提供ということはできないという考え方がある[22]。

しかし，前述のように，会員へのポイント還元による特典の提供は，第一次的には運営会社の会員に対するポイントサービス契約上の義務である。加盟店がポイントを使用する会員に対して行う景品等の給付が，直接的には会員に対して利益を与えるものであるが，その本質は，運営会社が会員に対して行うべきポイント還元の実施を補助する趣旨で加盟店契約上の義務[23]として履行されるものであるから，加盟店が会員に対して行う景品交換は，加盟店の運営会社に対する役務の提供としての性質を有するというべきである。

② ポイント精算金は加盟店の提供する役務の反対給付か

そうすると，運営会社から支払われるポイント精算金等の金銭が，加盟店の運営会社に対する景品交換というポイント還元の実施という役務の提供の反対給付であると認められれば，課税対象となる。前述のように，ポイント精算金

22　鍋谷・前掲注5・473頁は同趣旨であると思われる。
23　なお，実務上は，ポイント付与のみを行い，ポイントの使用はできない加盟店契約もあるから，加盟店のポイント還元の実施義務は，具体的な運営会社との合意（契約）に基づくものである。

等の金銭は，広い意味では運営会社のためにポイント還元を実施した加盟店に
生じる経済的負担を補填する意味を持つが，そのような補填金であっても，何
らかの役務の反対給付として交付されるものであれば対価に当たる。他方，ポ
イント負担金での議論と同様に，ポイント精算金等の金銭が，加盟店が運営会
社のために実施するポイント還元の実施のための原資としての性質を有するも
のと認められれば，反対給付ではないことになる。

　本章Ⅱ4(2)で論じたように，役務提供に起因して支払われる金銭が，役務の
反対給付ではなく原資の提供であるとして不課税になる理由は，当該金銭に係
る価値が役務の提供によって提供される価値に対応せず，それとは別の価値に
対応する点にあると考えられる。

　ポイントが加盟店で景品等との交換に使用される場合，加盟店の運営会社に
対する役務は，単に運営会社の用意する景品等を運営会社に代わって会員に給
付するという事務作業ではなく，運営会社のために，運営会社の会員に対して，
加盟店が自ら仕入れた商品を景品として提供し，又は自ら行う仕入れを活用し
て組成されるサービスを給付するものである。したがって，加盟店が運営会社
に対して提供する「会員への景品の給付」という役務の価値には，事務作業に
係る価値に加えて，給付する景品等それ自体の価値が含まれている。

　そして，景品交換の際に支払われるポイント精算金等は，加盟店が給付に
よって景品等を失うことの経済的負担の補填であるから，給付する景品等それ
自体の価値に対応するものである。したがって，これらの負担を補填する趣旨
で支払われる金銭は，すべて加盟店が運営会社に対して提供する役務の価値に
対応する。そうすると，このような補填金は，加盟店の運営会社に対する役務
の提供に対応する反対給付としての性質を有するものといえるから，消費税の
課税対象となると解される。

　実質的に見ても，特に加盟店からすれば，会員に給付した景品等の代金を運
営会社がポイント精算金という形で支払っているのと同様の評価を受けて然る
べきだろう（**図表6－7参照**）。

194

【図表6－7】　景品交換のポイント精算金のイメージ

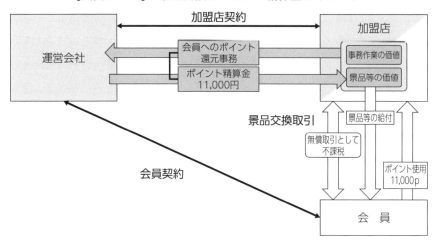

　他方，加盟店（純粋な加盟店というより子会社や協力会社等の関係者が想定される）が運営会社に対して行うポイント還元の実施という役務の内容が，単に運営会社の用意するべき景品等を，運営会社に代わって加盟店が準備して会員に給付するという事務作業にとどまる場合は，ポイント精算金等は，その実現のために必要な費用と見合う金額である限り，原資としての性質を有するものとして不課税であると解される（もちろん，そのような場合でも対価に含めて収受するものとすることは妨げられない。）。

　以上から，一般的な共通ポイントサービスでは，景品交換等によって運営会社から加盟店に支払われる金銭は，その名目にかかわらず，原則として加盟店の運営会社に対する役務提供の対価というべきことになる。ただし，この結論は，景品等との交換に係る会員と加盟店との取引が無償取引として不課税であるという前提の上に成り立つものであることには，留意する必要がある。

　なお，このように，運営会社から加盟店に支払われる金銭が対価であるとすると，原則として加盟店が運営会社に対してインボイスを交付し，又は運営会社が仕入明細書を発行することが求められる。当該ポイントが決済にも使用できる場合においては，景品交換のポイント精算金と決済に使用された分のポイント精算金が別に算出される場合には問題が少ないだろうが，両者を合算して

「使用ポイント数×1円の精算金を支払う」とされるような場合には，インボイス等で景品交換に使用された分と決済に使用された分を区分する必要が生じる。このような区分をせずに，合算して不課税として請求書等が作成される場合には，運営会社はインボイス保存要件を満たさず仕入税額控除ができないことになる。

　他方で，その場合でも，加盟店としては実態として課税取引を行っていることに変わりはないから，請求書等の記載にかかわらず課税取引として消費税の納税義務が生じる。

5　ポイントが購入代金の値引きに使用できる場合

⑴　商品等の購入代金の値引きに使用できる共通ポイント

　現在の一般的な共通ポイントサービスは，前述のように，運営会社や加盟店で商品やサービスを購入する場合の代金の支払いに利用できるというタイプが多い。しかし，同じように会員が商品等を購入する際に使用ポイント相当額の代金の支払いを免れるという効果は，ポイントによって代金の値引きを受けたものとするという場合にも生じる。

　ポイントサービスの設計は自由にできるから，上記のように，商品等を購入する会員に使用ポイント相当額の代金の支払義務を免れる効果・利益を与えるために，ポイント還元の内容を，「会員が商品等を購入する際に使用ポイント相当額の値引きを受けられる」というものにすることは可能である。その場合，会員は，商品等の購入に際して所定の値引きを受けられるという利益を，ポイント還元として運営会社から享受するということになる。

　最近では，会員規約等に「ポイントを利用して商品等の購入代金の一部又は全部の値引きを受けることができる」旨を記載する共通ポイントサービスも登場しており，その設計趣旨としては，会員の負担するべき代金の減少を，弁済ではなく代金の値引きという法律効果を用いて実現することを意図するものと思われる。

⑵ 会員と商品等を販売する運営会社・加盟店の課税関係

　値引きに利用できるポイントを使用すると，通常の販売代金から使用ポイント相当額が値引きされ，会員はその商品等を購入するにあたって使用ポイント相当額の支払義務を負わないことになる。

　これを私法上の法律関係で見ると，通常の商品等の購入契約にポイントサービスという値引特約が適用された結果，会員に対してはポイント使用による値引後の金額の代金債権が生じるもの，あるいは，ポイント使用前の通常の販売価額に係る代金債権を減額するもの（値引前の金額を対価の額とする取引が成立するのと同時に当該対価の額が減額されるもの）[24]と構成される。

　前述のように，このような法律関係における消費税の課税関係について，消費税法38条1項の対価の「値引き」に当たるかについては議論の余地があるが，これが同条の「値引き」に当たると解すれば，課税関係は同条に従って処理すべきことになる。他方，このような値引きの仕方は同条の「値引き」には当たらないと解すれば，会員と運営会社・加盟店との間には，当初から値引後の価額を対価の額とする課税取引が成立したものと解すべきことになる。

⑶ どのような共通ポイントサービスが「値引きに使用できるポイント」といえるか

　問題は，具体的にどのようなポイントサービスであれば，前述の「購入代金の支払いに利用できる」決済型ではなく，そのような「値引き」として機能するポイントサービスだといえるかである。

　消費税の課税標準である対価の額は，当事者の合意によって形成されるものであるから，具体的取引においてどのような金額を対価の額として合意したのか，あるいは，対価の額をどのように減額することにしたのかについては，当事者の意思解釈の問題である。

　ポイントサービスは，会員と運営会社の規約によって規律される法律関係で

24　特に，購入の後日に決済が行われ，そこで初めてポイントを使用するようなポイントサービスの場合は，通常の販売代金に係る代金債権が減額されるものと解さざるを得ないように思われる。

あるから，まず，会員規約等において，ポイントが購入代金の値引きに利用できるものであることが明記されていれば，基本的には「対価の値引き」の合意があり，当該商品等の対価の額について，使用ポイント相当額が通常の販売価額から減額されることになるものということができる。

　ところが，現実の会員規約では，そのような内容を明記するものは少ない。むしろ，一般的な共通ポイントサービスでは，そのほとんどが「購入代金の支払いに利用できる」や「購入代金に充当できる」等と記載されており，実際のオペレーションでも，通常の販売価額が表示されている商品等について，購入時（会計時）にポイント使用の意思表示を行うとポイントが適用されて支払うべき代金額が減少するというものである。そのような場合に，当事者の合理的意思として，「ポイントを利用すると対価の額が値引きされる」という認識が形成されていると解釈できるためには，その他の事情から，外形的に，ポイントの使用が値引きであることが明らかでなければならない。例えば，チラシやウェブサイトでの広告宣伝文やレシートに，ポイントを利用することが対価の値引きであることや，値引後の金額が当該取引の対価の額であることが明記されている場合には，これらは当事者の取引内容を示す証拠資料として，当事者は「対価の値引き」をすることを意図していると解される余地が出てくる。

　この点，タックスアンサー№6480「事業者が商品購入時にポイントを使用した場合の消費税の仕入税額控除の考え方」でも，「商品購入時に発行されるレシートには，ポイント使用の態様に応じて『課税仕入れに係る支払対価の額』が表示されていると考えられますので，商品を購入した事業者においては，レシートの表記から『課税仕入れに係る支払対価の額』を判断して差し支えありません。」とされており，取引内容の認定についてレシートに一定の証明力（事実上の推認力）を認めている。ただし，あくまでも推認力が高いという経験則に基づくものであるため，これによって直ちに値引きであると認定できるものではない点には留意する必要がある。

　では，レシート等がどのような記載であれば，値引後の金額が対価の額であることが示されているといえるだろうか。タックスアンサー№6480のレシート記載例を参考にする限り，ポイントが値引きであると明記した上で，商品等の

合計額の算出前にポイントが適用され，かつ，ポイント使用後の金額に基づいて対価に係る消費税額等が算出されている場合には，「値引き」であるとしているように読める（**図表６－８参照**）。これは，商品等の合計額やそこに含まれる消費税額等の算出額は，購入者が最終的に支払うべき代金額の内容を示していると一般的にいえるから，それが取引における最終的な対価の額を意味するものであるという理解に基づいているように思われる。

　なお，各商品について当該値引後の対価の額の記載が必須かという問題があるが，一つの取引に対していわゆる「一括値引き（個々の商品の価額に応じて一括値引額を按分すること）」が実務上認められていることからすれば，必須とはいえないだろう。

　また，上記とは異なり，消費税法38条１項に忠実に従った表記がされる場合，例えば，「対価の額：〇〇円（内消費税：〇〇円），対価の値引き：〇〇円」といった記載がされている場合には，レシートの表記から対価の値引きを認定して差し支えない。

　逆に，通常の販売価額に基づき算出された代金合計額及びこれに含まれる消費税額に対してポイントが適用され，単に支払代金が減額されるにすぎないような記載の場合は，当事者の意思としては，通常の販売価額を当該取引の対価の額と合意した上で，ポイントはその代金債権についての決済手段として機能することを意図するものと推認できる[25]。

　なお，厳密にいえば，レシートは取引後に発行されるため，会員としては，それをもとに自分の行った取引の内容が認定されるというのは順序が逆のように思われる。むしろ，会員規約等が当事者の第一次的な規律根拠であることからすれば，レシートの記載よりも会員規約等の文言が重視されるべきである。しかし，会員規約等にはレシートほど取引内容や金額の内訳，代金の算出過程等が明記されるものではないため，これらを詳細に記したレシートが発行される場合には，会員が特に異議を唱えない限り，明示又は黙示的にレシート記載

---

[25]　タックスアンサーNo.6480の「（注２）即時充当（即時に購買金額にポイント等相当額を充当する方法）による値引きは，商品対価の合計額が変わるものではありません。」という記載も，このようなことを意図するものと思われる。

【図表6－8】　レシートにおける値引きの表記

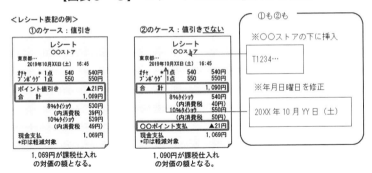

内容の取引が行われることに同意していたものと認定されることになろう。

　いずれにしても，課税対象となる「対価の額」は当事者の合意によって形成されるものであるから，具体的事案において何が「対価の額」と合意されているか，あるいは「対価の額」を減額させる合意があるかは，会員規約等の文言，広告宣伝文等の文言，レシートの記載内容，実際の購入の際のオペレーション等の客観的な事情から総合的に認定されるべき事柄であり，単に結果的に会員の代金の支払義務が減少したという一事から判断できるものではない。

Study　　代金の支払額が減少する共通ポイントを
すべて「値引き」と見る見解

①　代金の支払額を減少させるポイントをすべて「値引き」と見る見解

　国税庁の処理例が公表されてから，一部の実務家の間で，共通ポイントサービスで商品等の購入代金の支払額の減額に利用できるポイントは，すべて「対価の値引き」と理解するべきではないか，という議論が生じている[26]。この見解は，ポイントが値引きであるか支払いに利用できるものであるかを問わず，すべて「対価の値引き」[27]であると考えるようである。その論拠は，概要，次のような点にある。

　すなわち，消費税法の課税標準となる対価の額（同時に，事業者が仕入

200

れた場合の課税仕入れに係る支払対価の額）とは,「当事者間で授受する
こととした対価の額」をいうところ, ポイントを使用した場合には, 商品
の定価からポイントが使用された分の支払額が少なくなっているから, こ
の取引において「当事者間で授受することとした対価の額」とは, ポイン
ト使用後の金額をいうと解すべきであり, レシートに商品の定価に対する
消費税額が記載されていたとしても, 会員としてはそのポイントの使用額
を「値引き」として控除して実際に支払った金額に対する消費税額のみを
仮払消費税額とするべきである, とする。

　この見解は, 支払いに利用できる共通ポイントについても, 一律に同様
に「値引き」と解するべきだとする[28]。ポイントが使用された運営会社や
加盟店が, 会員に対してポイント使用前の金額の代金債権を取得すること
はないから, ポイント精算金がその代金債権に対して充当されるという解
釈, つまり, ポイントによる支払代金の減額を対価の減額合意とせずに,
単に運営会社が肩代わりするものという考え方は採用できない, というの
がその理由のようである。

②　上記見解の論拠に対する疑問点

　会員規約等の客観的な状況から, 当該ポイントサービスが対価の値引き
であると認定できる場合は, もちろん対価の値引きとして捉えることにな

---

[26]　朝長英樹「ポイント制度における消費税の取扱いの検証」TKC WEBコラム特別寄稿（2021）,
同「共通ポイントの消費税における「値引き」処理」TKC WEBコラム（2022年10月6日公開）
（https://www.tkc.jp/consolidate/webcolumn/contribution/column202210_1/最終閲覧2024年3
月28日）, 朝長論稿。

[27]　朝長論稿における「対価の値引き」が, 消費税法38条1項の「値引き」を意味するのかは不
明である。しかし, 実質的に消費税の課税対象となるべき消費支出をどのように見るかという
観点においては, さほど重要な点ではないともいえるので, ここではそのような観点から総じ
て「対価の値引き」と称する。

[28]　もっとも, 朝長論稿には,「消費税法に存在しない『代金充当』という概念を創り出し, ポ
イントを『支払手段』や『物品切手等』と同様に捉えて, ポイントの使用は『値引き』とはな
らないと主張するなどということは, 租税法律主義の下では, 決して許されることではない」
との記載があるが, その趣旨は不明であるため, 本文で述べたものとは異なる理解に基づいて
いる可能性はある。

る。しかし，この見解のようなロジックによって，支払いに利用できるポイントもすべて一律に対価の値引きと解することは，理論的根拠及び結論において妥当ではないと思われる。

　まず，本書で何度か触れたように，消費税法の課税標準や課税仕入れの対象となる対価の額について，会員が実際に支出した金額を基準とする解釈は採り得ない。条文上も，例えば「課税仕入れに係る支払対価の額」とは，「当該課税仕入れの対価として支払い，又は支払うべき一切の金銭又は金銭以外の物若しくは権利その他経済的な利益の額」とされており（消法30条8項1号ニ），取引当事者間で授受したものでなければならないという限定はない。消費税法の設計思想としても，消費税法は，当事者が対価とすること（当該資産の譲渡等の反対給付とすること）に合意した金額をもって「対価の額」として課税するものであるから，当事者が実際に金銭を授受するかどうかは「対価の額」とは直接関係がない。

　仮に，上記見解が，実際の当事者間の授受ではなく，当事者間に生じる債権の有無を基準とする趣旨であり，商品等を販売する運営会社・加盟店が会員に対してポイント使用前の通常の販売代金に係る代金債権を取得しないことを理由に，「当事者間で債権が生じないようなものは，当事者が対価の額として収受することとしたものとはいえない」ということを意味するのだとすれば，一応消費税法の解釈として理解できる。

　しかし，そのように解釈するとしても，上記見解のいうような「ポイントが使用される取引においては，運営会社や加盟店が会員に対して使用ポイント相当額の部分に係る代金債権を取得することはない」といえるかは，まさに法律関係における事実認定の問題である。この事実認定は，単に運営会社や加盟店が，会員に対して債権的な請求をできないことのみから認定できるものではない。処理例に見られるように，加盟店は会員に対して通常の販売価額を対価とする代金債権を取得するが，その弁済については，ポイント使用分は運営会社が代位弁済等によって肩代わりをすることとし，その限りにおいて会員に対しては代金債権を請求しないとする旨を合意す

ることも私法上は当然に有効とされるのであって，単に会員が使用ポイント相当額の支払債務を負わないことの一事から，「売買代金債権が生じていない」と評価することはできない。「代金債権の発生の有無」と「会員に対する債権の有無」の問題は，区別されるべき問題である。

　上記見解が，このような事実認定（なぜ運営会社や加盟店が債権を取得するものではないのか）についての論証を経ることなく，運営会社や加盟店が会員に対して債権を行使しないという結果のみから直ちに代金債権は生じていないということを意味するのであれば，論理が飛躍しているといわざるを得ない。

③　支払いに利用できるポイントの考え方の根底にある発想と考察

　このように，商品等の購入時に代金の減額を受けられるポイントをすべて「対価の値引き」であるとする上記見解の理論的根拠には疑問があるといわざるを得ないが，その根底にある発想や価値観については一理あるように思われる。

　すなわち，支払いに利用できるポイントが使用されても，通常の販売価額を対価の額とする課税取引が行われたものだとすると，ポイント使用の有無にかかわらず，会員は同じ消費支出をしていると考えることになる。

　しかし，元来，ポイントサービスは，企業の顧客会員への無償特典として展開されてきたものである。企業は，ポイントが貯まった会員に対して，自ら仕入れた商品等を景品として無償で給付していたのであり，いわばポイントサービスは企業から会員への一種のプレゼントとして，会員は消費支出を伴うことなく特典を享受するものとして認められてきたのである。つまり，ポイントサービスによる商品等の給付は，本質的に消費支出性がない消費だと考えることができる。このような伝統的な概念からすれば，たとえポイントが商品等の購入時に代金の一部又は全部の減額を受けられるものだとしても，その限りにおいて消費支出性が排除・喪失されるものと考えることは，素直な感覚といえよう。支払いに利用できるポイントに

ついて，ポイント使用後の金額を消費支出（対価の額）と捉えるべきだとする見解の多くは，このような伝統的なポイントサービス概念から着想を得ているように思われる[29]。

　このような発想からすれば，会員が商品等を購入する際に支払代金額の減額を受けられるポイントサービスは，対価の値引きとされているか支払いに利用できるとされているかという形式的な文言にかかわらず，企業からの特典として，購入する商品等の一部又は全部の無償提供を受ける性質のものと実質的に解するべきことになる。比喩的にいえば，この種のポイントサービスは，「一般的に販売されている商品や役務それ自体の一部又は全部を無償提供するものであり，その実現のために代金額という数値に依拠しているにすぎない」ということになろう。

　このような伝統的なポイントサービス概念に対しては，支払いに利用できるポイントは，もはや伝統的なポイントサービスのように商品や役務それ自体を無償で提供するものではなく，「それらを購入するための金銭的価値を無償で提供するものであり，従来のポイントサービスとは全く異なった性質の特典である」と反論することが可能である。いわば，支払いに利用できるポイントは，会員が商品等を購入するための金銭・金券のようなものを無償でプレゼントしているということである。この考え方では，会員は，無償で給付を受けた当該金銭・金券を利用して，自身の望む消費支出行為を行っているのだと理解される。

　この点，ポイントが無償であることや運営会社の任意の変更権があることから金銭代替物のように捉えるべきではないという見解があるが，そのような性質は対価の値引きに利用できるポイントでも同様であるから，直ちに結論に影響のある指摘とはいえない。対価の値引きに利用できるポイントを「対価の値引きを受けられる権利」と捉えるのであれば，支払いに利用できるポイントを「代位弁済を受ける権利」や「弁済類似行為として代金債務を免れる権利」などと構成し，ポイントサービスの範囲内で金銭

29　代表的なものとして，佐藤・前掲注14・14頁，朝長論稿。

204

的な機能(決済機能)を有するシステムだと理解しても何ら問題ないだろう。

　このような観点からすれば，支払いに利用できるポイントは，従来の伝統的な現物支給的な特典サービスの範疇に入らない，それとは別の新しいタイプのポイントサービスであり，決済手段（決済に使用できる価値）の支給という新たな特典の形態であると解される。したがって，それを利用した消費行為は，通常の取引同様，対価を伴う消費支出行為ということになる。

　以上のように，支払いに利用できるポイントを，実質的に見て，支払いの対象となる商品等の現物を無償提供するものと見るか，商品等を購入するための支払手段を無償提供するものと見るかで，解釈の方向性は変わるように思われる。この問題は，ある種の価値観の論争ともいえる。

　しかし，現実問題として，現在のポイントの発行残高が1兆円を超えることから，もし支払いに利用できるポイントの使用が消費支出性を伴わないとすれば，大げさに言うと，その発行額（1兆円分の消費）に係る消費財が無償で(消費支出を伴うことなく)消費者に移転することになる。税収という観点からすれば，消費に課税したい国としては穏やかではいられない。

　現状の一般的なポイントサービスに即して考えるならば，「購入代金の支払いに利用できる」という文言から，会員が「代金の値引きを受けたもの」と認識することは，やはり難しいといわざるを得ない。電子マネーに係る利用規約との平仄を合わせて，文言どおり，「購入代金を金銭の代わりに運営会社からもらったポイントで支払った」というのが実態と整合的であるように思われる。よって，支払いに利用できるポイントは，決済手段の無償提供という，従来とは異なるポイントサービスであるという理解を支持したい。

　このように解しても，会員規約やレシート等のオペレーションを整備することで「対価の値引き」に使用できるポイントとして設計できることは繰り返し述べたとおりであるから，運営会社が「対価の値引き」としてポイントサービスを展開したいのであれば，そのように作り込めば足りる。

Study　　　　東京国税局の回答と実務上の対応

　前述の朝長論稿によると，楽天ポイント，ｄポイントなどの共通ポイントについて，東京国税局に対し，ポイント使用を「値引き」とすることでよいかという文書照会を行ったところ，2023年8月下旬，「値引き」とすることでよいという電話回答があったということである[30]。しかし，同論稿によると，東京国税局が手放しで「値引き」とすることを認めたというわけでもなさそうである。すなわち，同論稿によれば，同年9月初旬に，東京国税局において，会員のポイントの使用額を「値引き」とすることでよいということについて正式に回答と説明を受けたが，その際，同局から閲読が認められた国税当局内の決裁文書の中の回答文書においては，「レシートにポイントの使用額を『値引き』と表示しない場合には，会員，加盟店，運営会社の間でポイントの使用額が『値引き』であるという合意が別途必要になる」という趣旨のことが記載されていたというのである。

　文書そのものが公開されていないため，その真偽は不明であるが，仮にそのような「会員，加盟店，運営会社の間でポイントの使用額が『値引き』であるという合意が別途必要」という留保があったのだとすれば，それは至極真っ当な指摘であろう。繰り返し述べているとおり，そもそもポイントサービスは，会員と運営会社の合意によって規律される法律関係であるからである。

　この点，朝長論稿は，「会員が加盟店から商品の購入等を行ってポイントを使用する場面においては，その具体的な場面を思い浮かべると直ぐに分かるとおり，ポイントの使用額が何であるのかということについて『合意』をするなどということがあるはずがなく，その取引の当事者である会員と加盟店は，ポイントの使用額が何であるのかということを特に意識したり認識したりすることなく取引を行っているのが通例であって，会員と

30　朝長論稿によると，東京国税局が「値引き」でよいとしたのは，2022年4月の三越伊勢丹のMIポイントに続き2件目とのことである。

加盟店とがそれぞれ異なる認識を持って取引を行っているということさえ，あり得ることです。このため，会員のポイントの使用額が『値引き』であるのか否かということは，当事者の『合意』によって判断するべきものということにはならず，客観的な事実認定によって判断するべきものということにしかなりようがありません。」として，対価の値引きが当事者の合意によって行われるものではないと述べる。

　前述のように，消費税法38条1項の「値引き」に当たるかどうかは，当事者の合意や法令の規定等により，商品等の反対給付の金額が客観的かつ合理的な事由に基づいて減少したといえるかどうかによる。したがって，単に当事者が減額に合意したというのみでは対価の値引きには当たらない。

　しかし，そのことは，「値引き」が合意によって行えないことを意味するものではない。ポイントサービスは，運営会社と会員の合意によって形成される法律関係であり，ポイントを使用した取引が代金の減額という法的効果をもたらす法令上の根拠はないのであるから，「対価（代金）の値引き」という効果を生じさせるためには，当事者の合意によるほかないはずである。合意によらずに一方の認識や意思表示だけで「対価の値引き」となるとすれば，債権放棄もすべて対価の値引きとすることができることになり，現行法の一般的な解釈に反する。朝長論稿の趣旨が，「対価の値引きに該当するかは当事者の主観のみならず，客観的に見て『対価』の減額であるといいうることが必要である」というのであれば理解できるが，それを超えて，当事者の合意によらずに単に会員が支払う代金が減額しているという事実のみから「対価の値引き」が認定できるということを意味するのだとすれば，そのような見解には賛同できない。

　以上から，ポイントが「対価の値引き」として機能するためには，その前提として，運営会社と会員との間でそのような合意が形成されていなければならないというべきである。その意味で，東京国税局がポイント使用の意味について，レシート等から当事者の合意を推認できないのであれば別途合意が必要であるとしたのは当然のことといえる。

⑷　加盟店と運営会社の課税関係（ポイント精算金の課税関係）

　「対価の値引き」に利用できるポイントが加盟店で使用された場合も，一般的な共通ポイントサービスでは，使用されたポイント相当額がポイント精算金として支払われるものとされているだろう。この場合，ポイント精算金は消費税の課税対象だろうか。

　まず，前提として，このポイントが使用されると，会員と加盟店との間では，使用ポイント相当額に係る部分は実質的に対価としないことが合意されているから，私法上，ポイント使用前の通常の販売金額に係る代金債権が生じるものではなく，ポイント使用後の金額に係る代金債権のみが発生する。そして，その代金債権は会員から全額回収されるので，ここでは未収金が生じる余地はなく，購入代金の支払いに利用できるポイントのように，ポイント精算金が代金債権の弁済としての性質を有すると解することはできない。

　そうすると，「対価の値引き」に利用できるポイントに係るポイント精算金については，別途，加盟店の運営会社に対する資産の譲渡等の反対給付であると認められるかが問題となる。

①　加盟店の運営会社に対する役務の提供があるか

　加盟店は，ポイントを使用する会員に対して所定のルールに則って値引販売をしているが，これは加盟店の運営会社に対する役務の提供といえるだろうか。この点は，景品交換の場合と同様の議論が当てはまる。

　すなわち，加盟店が会員に対して行う値引販売は，加盟店が運営会社からポイントサービス全般という販売促進役務の提供を受けるために必要な，加盟店という地位に課された当然の負担であるから，これを運営会社に対する役務の提供ということはできないという考え方がある[31]。

　しかし，会員へのポイント還元による特典の提供は，第一次的には運営会社の会員に対するポイントサービス契約上の義務であり，加盟店が会員に行う値引販売は，直接的には会員に対して利益を与えるものであるが，これは運営会

31　鍋谷・前掲注5・473頁は同趣旨であると思われる。

社が会員に対して行うべきポイント還元の実施を補助する趣旨で加盟店契約上の義務として行われるものである。よって，会員への値引販売は，加盟店の運営会社に対する役務の提供という性質を有すると考えられる[32]。

②　ポイント精算金は加盟店の提供する役務の反対給付か

　では，ポイント精算金は，加盟店の行う値引販売という役務の提供と対応する反対給付といえるだろうか。

　この場合のポイント精算金も，広い意味では運営会社のためにポイント還元を実施した加盟店に生じる経済的負担を補填する意味を持つため，これがポイント還元のための原資といえるのであれば，不課税となる余地がある。

　この点についても，景品交換の場合のポイント精算金と同様に考えられる。すなわち，加盟店の行う値引販売は，会員と加盟店との取引の対価を減額するものであり，このような「対価の合意」を運営会社の要望に応えて行うこと自体には，独自の価値は生じないと考えることもできそうである。つまり，加盟店が運営会社に提供する役務としては，運営会社の定める所定のルールに従って自らが販売する商品やサービスの対価の額を形成するという事務作業にとどまり，値引きされた分の価値が当該事務作業を通じて運営会社に提供されているとはいえないとも思える。

　しかし，運営会社は，自身の行うべきポイント還元（会員に対する利益の提供）のために，加盟店に対して，加盟店契約に基づいて値引販売を依頼しているのであり，加盟店から提供される値引販売という役務によってポイント還元を実現しているという関係にある。一般論として，他者に対し，他者が販売する商品等の値引きを委託者のために契約によって委託（お願い）することは，販売価額の値引きが委託者のために法的拘束力に服することになるから，委託者は当該商品等の値引部分に係る利益を，受託者の損失の下に得ることになる。

32　鍋谷・前掲注 5・471頁は，（ポイント還元の内容を特に区別することなく，）加盟店が運営会社に役務を提供しているとはいえないとするが，ポイント還元が運営会社の会員に対する義務であることからすれば，加盟店にその履行を補助する者としての側面があることは否定できないから，運営会社に対する補助作業という役務の提供は認められるというべきである。

つまり，ここでは，加盟店が商品やサービスの販売価額を運営会社のために値引きすることで，値引きされた部分の商品等の価値を運営会社が自身のポイントサービス事業のために享受することになる。

つまり，加盟店が運営会社に提供する値引販売という役務には，当該値引きされた部分に係る商品等の価値を運営会社（の指定する会員）に対して提供することが含まれており，運営会社は，これにより享受した商品やサービスの価値を会員に還元するのである。

そして，ポイント精算金は，その運営会社が享受する価値の部分を基準に支払われる（しかも，値引額と同額を支払うとするものが多い）ものであるから，値引販売という役務の価値に対応するものとして，対価としての性質が認められると解されるのではないだろうか。特に，ポイントが購入代金の全額の値引きに使用された場合，実態としても消費支出の概念としても景品交換による無償給付の場合と異ならないから，景品交換に係るポイント精算金を加盟店の運営会社に対する役務の対価であると解するならば，それと同様に値引きの場合のポイント精算金も対価と解するのが整合的である。

したがって，ポイントが値引きに使用された場合の，当該値引部分を補填するためのポイント精算金は，「値引販売」という役務の反対給付として，消費税の課税対象であると考える（**図表6－9**参照）。

210

【図表6－9】　値引販売のポイント精算金のイメージ

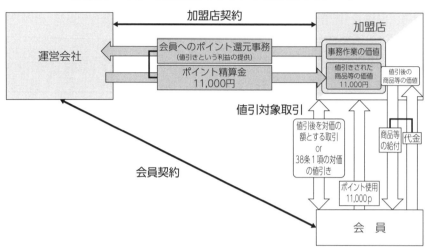

Study　　　　　　　　補充的対価の理論

　資産の譲渡や役務の提供等が無償又は廉価で行われる場合に，その損失
を補填する趣旨の金員が支払われた場合，それが当該資産の譲渡や役務の
提供等を報償する目的で支給される場合は，当該金銭は実質的には当該資
産の譲渡や役務の提供等の対価の性質を有するものとして，対価性が肯定
されるとする見解がある[33]。具体的には，売上げを補填するための補償金
は，例えば，消費者が，当該金銭の存在によって，それが存在しない場合
より低い価格で資産の譲渡や役務の提供等を享受することができる場合は，
当該補償金は本来の対価を補充する性質を有する「補充的対価」として消
費税の課税対象となると説明される[34]。

　「対価の値引き」に利用できるポイントのポイント精算金は，本来の販

33　吉村典久「消費税の課税要件としての対価性についての一考察—対価性の要件と会費・補助
　金」金子宏編『租税法の発展』（有斐閣，2010）407頁。
34　吉村・前掲注33・408頁。

売価額の値引額と等しくなるよう設定されているのが一般的であるから，まさに本来の売上げとの差額を補填するものであり，会員は，ポイント精算金が支払われるためにその分の値引きを受けられるという関係に立つ。したがって，上記の理論からすれば，このポイント精算金は，加盟店から会員に対して行われる資産の譲渡等の本来の対価を補充する趣旨・性質のものとして当該資産の譲渡等を報償するものであるから，補充的対価として対価性が肯定されることになる。

　もっとも，補充的対価という概念を認めるとしても，それが結局何の対価であるとして課税要件を充足するのかは明確にされていないように思われる。補充的対価が，あくまで対価を補充される商品やサービスについての対価であると考えるのであれば，消費税法の課税物件の帰属について法律的帰属説に立った場合[35]には，補充的対価の支払者は，これらの商品やサービスの提供に係る契約当事者ではなく，その提供も受けないから，課税仕入れの要件を満たさないようにも思える。

　補充的対価の理論がこのあたりをどのように考えるのかは些か不明確であるが，社会における実質的な消費支出を漏れなく捉えるという視点においては参考になるだろう。

Study　　　　　　　　**加盟店に想定外の利益？**

　ポイントが値引きに利用できる場合のポイント精算金は，値引きしたことで加盟店が得られなかった本来の売上高を補填する趣旨で支払われる。例えば，1ポイント1円相当が通常の税込販売価額から値引きされた場合，使用ポイント×1円がポイント精算金として支払われる結果，加盟店は，通常の販売価額で商品等を販売した場合と同じ利益状況を確保できるということになる。

35　金子宏『租税法〔第24版〕』（弘文堂，2021）830頁。

　ということは，値引きされた金額には，値引前の通常の販売価額におけ
る消費税相当額が含まれているはずである。他方で，値引販売によって対
価の額（課税標準）は減少しているので，その分加盟店の消費税の納税額
も減少している。そうすると，ポイント精算金がこのような基準で支払わ
れる限り，加盟店は，値引きによって納税しなくて済んだ消費税分だけ利
益を得ることになる。

　例えば，会員が定価110円の商品Ａを購入する場合に，110ポイント使用
して110円の値引きを受けたとする。販売した加盟店が商品Ａを仕入先Ｂ
から仕入れるのに税込66円支払っていたとすると，ポイント精算金が課税
だとすれば，加盟店は，【ポイント精算金売上げ110円－仕入れ66円－納税
消費税４円＝40円】の利益を得る。しかし，ポイント精算金が不課税であ
るとすれば，加盟店は，【ポイント精算金売上げ110円－仕入れ66円＋還付
消費税６円＝50円】の利益を得ることになる。

　この差額の10円は，ポイント精算金を支払う運営会社が還付を受けられ
ないことによって生じるものであるから，ポイント精算金を不課税とする
と，加盟店としては通常の販売を行うよりもポイント値引きで販売した方
が利益が大きくなるということになる。

　このとき，加盟店の仕入れが課税売上げに対応しないとして仕入税額の
控除が制限されれば問題は少ないが，現在のところ，不課税売上げに対応
する課税仕入れは共通対応課税仕入れと解されている（筆者としてはその
ような解釈に疑問があるが。）ことから，加盟店に非課税売上げがなけれ
ば全額仕入税額として控除されることになるし，そもそも，在庫の仕入段
階では課税売上げに対応するものとして仕入れているから課税売上対応課
税仕入れであるともいえる。

　果たして，そのような運営会社の負担において加盟店が利益を得る状況
を正当化するだけの合理的理由があるのだろうか。これを，法適用の結果
にすぎないといえばそれまでだが，適切な課税関係を実現するための法適
用の指針として，このような結果の是非も考慮されるべきだろう。

第 7 章

ポイント交換の課税関係

I ポイント交換

1 ポイント交換とは

　ポイント交換とは，簡単にいえば，Aというポイントサービスの会員に付与される「Aポイント」を，そのポイント使用態様の一つとして（ポイント還元の一態様として），他社のポイントである「Bポイント」と交換ができるというサービスのことである。

　ポイント交換では，独立したポイントサービス運営会社が2社以上登場する。それぞれが独自のポイントサービスを展開し（自社完結型，共通ポイントのどちらもありうる。），運営会社双方のポイント会員（以下「双方会員」という。）であれば，一方のポイントを一定の交換レートで他方のポイントへ交換できる[1]。

2 ポイント交換契約

　ポイント交換を実現するにあたっては，まず，交換されるポイントを運営する運営会社間で，会員がポイント交換を希望した場合には交換先ポイントを付与する旨の「ポイント交換契約」や「提携契約」等の契約が締結される。そして，ポイント交換が行われた場合，交換元の運営会社から交換先の運営会社に対して，ポイント交換によって新たに付与される交換先のポイント数に応じて，一定の金員を支払うこととされるのが通常である（以下「負担金」又は「ポイント負担金」という[2]。）が，ポイント交換契約では，ポイント交換比率等の交換条件やポイント交換に伴って支払われる負担金の算定方法，精算方法等が規定されることが一般的である。なお，具体的なポイント交換条件や負担金の算

---

[1]　双方向にポイント交換ができることが多いが，AポイントをBポイントへ交換することはできるものの，その逆はできないという一方通行のポイント交換もある。
[2]　ポイント交換契約上の「負担金」のネーミングは，「ポイント交換費用」，「精算費用」など様々でありうる。

定方法等については，ポイント交換当事運営会社の状況により変動することがある。

また，上記の負担金とは別に，ポイント交換の手数料（ポイント交換手数料）が授受されるケースもあり，これもポイント交換契約における交換条件として定められるのが通例である。

Ⅱ　ポイント交換の課税関係

1　ポイント交換の仕組み

ポイント交換は，交換元ポイントそれ自体を交換先の運営会社に譲渡するわけではなく，あくまでも，交換元の運営会社における「交換元ポイントの消滅」と，交換先の運営会社における「交換先ポイントの付与」という二つの現象の組み合わせである（図表7－1参照）。

すなわち，双方会員が自身のAポイントをBポイントに交換したいという場合，双方会員は，交換元のA運営会社に対してポイント交換の意思を表明する（⑤）。そうすると，交換元のA運営会社は，交換先であるB運営会社に対してポイント交換通知（付与すべき交換先ポイント数等の指示）を行う（⑥）。

交換先であるB運営会社は，同通知に従って双方会員に対してBポイントを付与し（⑦），このBポイントの付与を契機として，交換元A運営会社から交換先B運営会社に対して，一定の負担金が支払われる（⑧）。

2　交換元運営会社と会員の課税関係

ポイント交換の実施は，会員と交換元ポイントの運営会社との関係では，交換元ポイントの還元方法（特典内容）の一種である。したがって，会員のためにポイント交換を実施することは，交換元の運営会社の会員に対する役務の提供の性質を有する。

しかし，ポイント交換は，専ら会員のポイント交換を希望する旨の意思表示によって実現するものであり，このときに会員から金銭が支払われるものでは

【図表7－1】 ポイント交換のイメージ

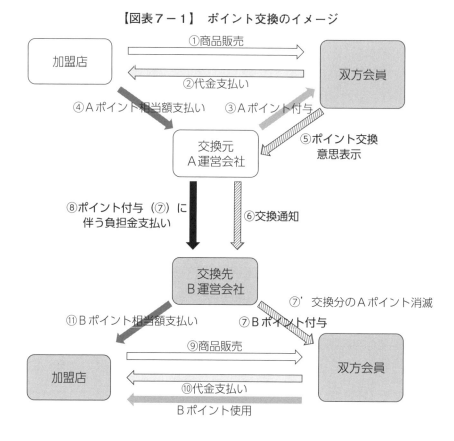

ない。また，ポイント交換によって交換の対象となった会員のポイントは消滅するが，ポイントは当該運営会社においてポイントサービスを受ける地位を表章する管理符号にすぎないから，ポイント交換におけるポイントの消滅という現象が当該運営会社との関係で対価の収受となるものではない。

したがって，交換元運営会社と会員との間に課税取引は生じない。

3　交換先運営会社と会員の課税関係

ポイント交換が実施されると，会員は交換先の運営会社から新たにポイントを付与される。新たに付与されたポイントは，ポイント交換以外の理由に基づいて付与されたポイントと合算して管理されることが一般的であるから，この

ポイントの付与自体は，一般的なポイントサービスにおけるポイントの付与と性質上異ならない。また，このときに会員が交換先の運営会社に何らかの金銭等を支払うこともない。

　したがって，通常のポイント付与の場面と同じく，ポイント交換によるポイントの付与についても，交換先運営会社と会員との間に課税取引は生じないと解される。

4　交換元運営会社と交換先運営会社の課税関係

⑴　ポイント交換手数料等

　交換先の運営会社は，交換元の運営会社からのポイント付与の依頼を受け，同時に通知される当該双方会員へ付与すべきポイント数等の情報に基づき，交換先ポイントを双方会員に付与する。

　交換先運営会社による双方会員に対するポイント付与は，交換先運営会社と交換元運営会社との間のポイント交換契約に基づく義務として行われるものであり，交換先運営会社から交換元運営会社に対する「役務の提供」といえる。

　交換元運営会社が，この役務の提供に対して「ポイント交換手数料」を支払う場合は，それが付与された交換先ポイント数等を基準に算出される場合でも，定額等の他の算定基準による場合であっても，ポイント交換（ポイント交換による交換先ポイントの付与）という交換先運営会社の提供する労務に対応する経済的利益であるから，ポイント交換という役務の提供の反対給付である。したがって，ポイント交換は課税取引ということになり，手数料等がその課税標準ということになる。

　なお，実務上，ポイント交換手数料には，交換先ポイントの新規付与に伴って交換先運営会社に生じることとなるポイント還元の経済的負担を補填する趣旨を含む場合がある。そのような場合であっても，当該金銭がポイント付与という役務の反対給付としての性質を有する以上，全体としてポイント付与という役務提供の対価となると解される。

218

(2) ポイント負担金

① ポイント負担金に関する二つの見解

　ポイント交換では，交換先となる運営会社は，ポイント交換によって新たに付与されるポイント数に応じて，当該会員に対して交換先ポイントの還元に係る経済的負担を負うことになる。

　そのため，ポイント交換においては，上記のポイント交換手数料等とは別に，交換元運営会社が交換先運営会社に対し，新たに双方会員にポイントが付与されることで交換先運営会社に生じるポイント還元の経済的負担を補填する趣旨で，ポイント交換で付与されたポイント数等に応じて「負担金」を支払うことが一般的である。

　問題は，ポイント交換に伴って交換先運営会社に支払われる「負担金」の課税関係である。すなわち，このような趣旨で支払われる「負担金」が，上記のポイント交換手数料等のように，交換先運営会社による交換元運営会社に対するポイント付与という役務の対価といえるかが問題となる。

　このポイント負担金の対価性については，次の二つの考え方がある。

　一つは，ポイント負担金を，ポイント交換手数料等と同様に，交換先運営会社によるポイント付与という役務の対価と見る考え方である。この考え方は，交換先となる運営会社は，交換元の運営会社に対し，ポイント交換契約上の義務として，双方会員にポイントを付与し，もって双方会員を交換先運営会社が実施するポイントサービスの対象に組み込む[3]という役務を提供しているから，それに起因して収受されるポイント負担金は，その名目や趣旨にかかわらず，当該役務の反対給付としての性質を有すると解する[4]。

　もう一つは，ポイント負担金を，交換先運営会社において将来ポイント還元が行われることに備えてその原資を提供するものであり，交換先運営会社によ

3　大阪地判令和元年12月13日〔ポイント交換事件第一審判決〕（税資269号順号13358）参照。
4　交換先運営会社と交換元運営会社の関係は，共通ポイントサービス内における加盟店と運営会社という関係と異なり，それぞれが独立したポイントサービスを実施している。そのため，ポイント交換によって交換元運営会社は事実上販売促進効果を得ることになるものの，交換先運営会社は交換元運営会社からポイントサービスによる販促行為を請け負っているとは評価できないため，交換元運営会社に対する販促行為を役務提供として取り上げることは適切でないように思われる。

るポイント付与という役務の提供の反対給付としての性質を有しない（役務提供の対価ではない）と見る考え方である。つまり，ポイント負担金は，ポイント付与という役務とは対応しない，単なる原資の提供としての金銭の授受にすぎず，不課税であると考える。

　この問題については，消費税法の対価性要件をどのように考えるのかと密接に関係するが，消費税法の対価性要件についての解釈が錯綜していることは前述のとおりである（第3章Ⅱ参照）。そのような状況において，近年，ポイント交換における負担金の課税関係が争われた裁判例（ポイント交換事件）が登場したため，まずは，同事件での裁判所の判断を紹介し，検討を行うこととする。

②　ポイント交換事件

　本件は，納税者が，ポイント交換の際に授受される負担金は消費税法2条1項8号に規定する「対価」に該当しないと主張して争った事案であるが，先に結論を紹介しておくと，国税不服審判所及び第一審では，いずれも「対価」であるとされ納税者が敗訴したが，控訴審で「対価」ではないとされて納税者が逆転勝訴した。

　本事案は事実関係には争いがなく，負担金の性質，ポイント交換の性質，対価性の判断基準についてどのように理解するかによって結論が決まる事案であった。

　なお，興味深いことに，国税不服審判所，大阪地裁，大阪高裁の判断は三者三様であり，ポイントサービス分野のみならず，広く消費税法上の「対価」の意義について重要な示唆を与えるものとなっている。

ア　事案の概要

　納税者（原告）は，ICカード（以下「本件カード」という。）を発行し，その利用契約を締結した会員に対して，鉄道等の旅客運賃・商品購入代金等を決済するサービスや，商品購入代金等の決済手段として同カードを利用した場合に，その利用金額に応じて企業ポイント（以下「本件ポイント」という。）を

付与するサービスを提供する事業者である。

　会員が本件カードを決済手段として利用した場合には，後日，当該利用に係る決済額が会員の指定口座から口座振替等の方法で引き落とされるという後払決済（ポストペイ）となるが，会員は，本件ポイントの累積ポイント数に応じて当該後払決済代金から割引を受ける等の利益を享受することができる（ポイントサービスの概要は後述及び図表７－２参照）。

　そして，納税者は，当該会員が，納税者と提携する法人（以下「提携法人」という。）のポイント会員でもある場合（納税者と提携法人の両方の会員である者を以下「双方会員」という。）には，提携法人が付与するポイント（以下「提携ポイント」という。）と本件ポイントとを交換するなどのサービスを提供していた。

　提携ポイントが本件ポイントに交換された場合には，当該提携法人から納税者に対して一定の金員（以下「本件金員」という。）が支払われることになるが，納税者はこの金員相当額を消費税の課税標準である課税資産の譲渡等の対価の額に算入した上で確定申告をした。

　しかし，後にこれを改め，本件金員が消費税の課税標準である課税資産の譲渡等の対価の額に算入されないとして，国税通則法23条１項に基づき更正の請求をしたのに対し，課税庁から更正をすべき理由がない旨の通知処分を受けた。納税者は，同通知処分を不服として審査請求をしたが棄却されたため，通知処分の取消しを求めて訴えを提起した。

《本件カードを利用した決済サービスの仕組みの概要》

① 　会員は，加盟事業者が提供するサービス等の支払いの決済手段として，本件カードを利用することができる。

② 　納税者は，会員が本件カードを利用した場合に，加盟事業者に対し，そのサービス代金等を立替払いする（納税者は，当該立替払いにより当該会員に対して求償権を取得する。）。

③ 　納税者は，当該会員に対し，上記②の額を請求し，あらかじめ指定を受けた銀行口座等からの引落しにより支払いを受ける（ポストペイ）。

【図表7−2】　ポイント交換事件のイメージ

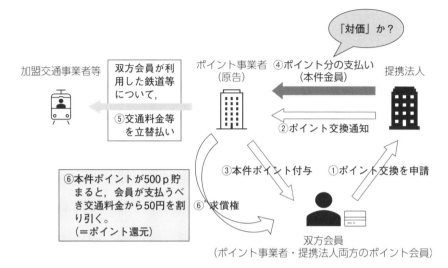

《本件ポイントサービスと本件ポイント交換の概要》

(i)　本件ポイントサービスとポイント還元

①　納税者は，会員が，本件カードを決済手段として利用した場合，利用金額に応じて一定の本件ポイントを付与する。

②　納税者は，月ごとに集計される当該会員の本件ポイントが一定数貯まっているときは，当該会員に請求する額から一定額（500ポイント当たり50円）を控除する（以下，当該控除を「本件ポイント還元」という）。

(ii)　本件ポイント交換

①　提携法人からポイント交換が行われた提携ポイント数等の通知を受けた納税者は，当該双方会員に対し，当該提携ポイント数をもとに一定の割合により算出した数の本件ポイントを付与する。

②　上記①のポイント交換に係る提携法人は，当該ポイント交換後，納税者に対し，当該ポイント交換を通じて双方会員に付与された本件ポイントの数をもとに，一定の割合（いずれの提携法人についてもポイント交換により納税者が付与した本件ポイント1ポイント当たり0.1円の割合）により算出した

222

額の金員（本件金員）を支払う。

③　なお，納税者は，提携法人とのポイント交換を通じて付与された本件ポイントについては，加盟事業者における本件カードの利用によって付与された本件ポイントと合算する。

イ　裁決：後払決済で割り引くというポイント還元の対価である

まず，裁決（裁決平成30年8月21日（大裁（諸）平30第6号・非公表裁決））の内容を紹介しておく。簡潔にいうと，対価性の判断基準について「対応関係基準」（第3章Ⅱ3参照）を採用し，本件金員は「ポイント還元により決済額から割り引く」という役務提供の割引額に対応した対価であるとして，審査請求を棄却した[5]。

> 　請求人は，請求人が発行した後払方式のカードを利用して会員が加盟各社で商品購入等をする都度，利用金額に応じたポイント（本件ポイント）を付与し，毎月の利用額（後払決済額）を会員に請求する際に，たまったポイントに応じた金額を後払決済額から割り引くほか，会員に対し，提携法人のポイントと引換えに，本件ポイントの付与を受けることができるサービス（本件ポイント交換）を行っている。請求人は，本件ポイント交換により提携法人から受領する金員（本件金員）については，提携法人の元で生じた会員のポイントを充当して後払決済額を減額する原資であり，請求人に経済的利益が生じていないから，本件金員は「対価」ではなく，本件ポイント交換は「資産の譲渡等」に該当しない旨主張する。しかしながら，本件ポイント交換による本件ポイントの付与に基づく後払決済額からの割引が「役務の提供」に該当することは明らかであり，当該役務の提供があることを条件として，本件金員が収受されたという対応関係があるものと認めることができるから，本件金員は当該役務の提供の「対価」に当たり，本件ポイント交換は「資産の譲渡等」に該当する。（下線筆者）

5　裁決要旨を国税不服審判所裁決要旨検索システムより引用。

　ウ　第一審判決：ポイントサービスの対象に組み込むことの対価である

　第一審判決（大阪地判令和元年12月13日（税資269号順号13358））は，対価性の判断基準については，裁決同様，京都弁護士会事件控訴審判決の「対応関係基準」を採用し[6]，本件金員は「交換先運営会社が実施するポイントサービスに組み込む」という役務提供の対価であるとした。

○　……「対価」とは，資産の譲渡等（資産の譲渡及び貸付け並びに役務の提供）に対する反対給付をいい，事業者が収受する経済的利益が資産の譲渡等に係る「対価」に該当するというためには，<u>事業者によって当該資産の譲渡等が行われることを条件として，当該経済的利益が収受されるという対応関係があることが必要である</u>と解される。

○　原告は，本件各提携契約に基づき，提携法人に対し，ポイント交換がされた提携ポイントを保有していた双方会員に関し，当該提携ポイント数を基に所定の割合により算出した数の本件ポイントを付与し，もって，当該数の本件ポイントにつき原告の実施する<u>本件ポイントサービス……の対象に組み込むことを内容とする役務を提供する債務を負うものであるということができ</u>，しかも，<u>本件金員は，原告によって当該債務（当該役務の提供）が行われることを条件として，原告において収受されるという対応関係にある。</u>

　　したがって，本件金員は，提携法人に対し，ポイント交換がされた提携ポイントを保有していた双方会員に関し，当該提携ポイント数を基に所定の割合により算出した数の本件ポイントを付与し，もって，<u>当該数の本件ポイントにつき原告の実施する本件ポイントサービスの対象に組み込むという役務の提供に対する反対給付として，「対価」に該当する</u>ものということができる。（下線筆者）

　エ　控訴審判決：本件ポイント交換は無償取引であり，本件金員は対価でない

　控訴審判決（大阪高判令和3年9月29日（税資271号順号13609））は，裁決・第一審とは異なり「対応関係基準」は採用せず，また，本件ポイント交換が無償取引であるとして，本件金員の対価性を否定した。

6　厳密には，京都弁護士会事件控訴審判決の規範と文言は異なるものの，対応関係基準と同じ考え方であるといってよいと思われる。

○　これらの事実からすれば，本件各提携契約に基づく提携法人の控訴人に対する本件金員の支払は，ポイント交換に係る提携ポイントを発行した者としてその利用に係る経済的負担を負うべき立場にある提携法人が，本件ポイント還元を行う控訴人のために，その原資を提供する行為にほかならないというべきであり，<u>本件金員は，控訴人が本件各提携契約に基づいて双方会員に付与した本件ポイントにつき本件ポイント還元を行うための原資としての性格を有するものというべきであって，本件金員に本件ポイント還元に係る原資以外の性格ないし要素を見いだすことはできない。</u>そして，本件各提携契約に基づくポイント交換に当たり，提携法人と控訴人との間で本件金員の支払以外に交換手数料その他の金銭の授受等も一切されていないというのである。

　そうであるとすれば，<u>本件各提携契約に基づく提携法人と控訴人との間のポイント交換は，無償取引というべきであり，</u>控訴人は，本件各提携契約に基づき，提携法人に対し，本件ポイントへの交換の意思表示をするなどした双方会員に対して控訴人の企業ポイントプログラムの対象に組み込むことを目的として本件ポイントを付与するという役務を無償で提供し，提携法人は控訴人の企業ポイントプログラムによる本件ポイント還元に係る原資の提供として本件金員を控訴人に支払うものであって，<u>本件金員が控訴人が本件各提携契約に基づき提携法人に対して行う上記役務の提供の反対給付としての性質を有するとみるのは困難というべきである。</u>（下線筆者）

【図表7－3】　ポイント交換事件の審判所・地裁・高裁における判断の違い

	審判所	大阪地裁	大阪高裁
判断基準（規範）	個別具体的な資産の譲渡等があることを条件として，経済的利益が収受されたといいうる対応関係があること（京都弁護士会事件）	事業者によって当該資産の譲渡等が行われることを条件として，当該経済的利益が収受されるという対応関係があること（京都弁護士会事件）	役務提供の機会に金銭の授受がされた場合でも，当該金銭の授受が当該役務提供の反対給付としての性質を有さず，当該役務提供に係る取引が無償取引に該当するときは対価に当たらない。
対応関係を検討した役務提供	「ポイント還元により決済額から割り引く」という役務提供	「双方会員を本件ポイントサービスの対象に組み込む」という役務提供	「本件ポイントを付与する」という役務提供
結論	上記役務提供があることを条件として本件金員が収受されるという対応関係がある。	本件金員は上記役務提供が行われることを条件として原告において収受されるという対応関係にある。	ポイント交換は無償取引。本件金員はポイント還元の原資であり，対価ではない。本件ポイントを付与するという役務提供の反対給付とはいえない。

オ　ポイント交換事件の分析・検討

(ア)　第一審判決と控訴審判決の違い

第一審判決：対応関係基準の採用

控訴審判決：対応関係基準の不採用，条件関係基準の否定，本件金員の性質論
　　　　　　　展開

　前述のとおり，第一審判決では，対価性の判断基準について「対応関係基準」を採用した。同基準の下では，一定の役務提供が行われることを条件として経済的利益が収受されるという対応関係があるかどうかで，対価性の有無が判断される。

　第一審判決のあてはめを見るに，一定の役務提供があり，それと条件関係ないし因果関係のある経済的利益の移転が外形的に認められれば，当該経済的利益は，当該役務提供の「対価」であると評価するものである。

　すなわち，対応関係が認められるのであれば，本件金員の性質やポイント交換取引の性質を詳細に論じる必要がないということになる（**図表7－4参照**）。

　これに対し，控訴審判決では，上記「対応関係基準」を採用せず，無償取引は消費税法の課税対象とならない，という基本的な理解を前提として，本件金員の性質を検討している。結論としては，本件金員は本件ポイント還元を行うための「原資」としての性格を有するものにすぎず，本件ポイント交換は無償取引であるとした。

　また，同控訴審が，国が主張した「あれなければこれなし」の条件関係さえあれば対価性が認められるという「条件関係基準」を否定した点にも注目すべきである（**図表7－5参照**）。

【図表7－4】 第一審が論じたポイント付与と本件金員の対応関係

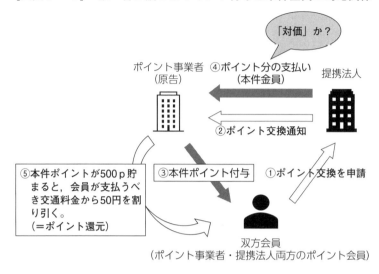

(ｲ) 控訴審判決に対する評価と注意点

(ⅰ) ポイント交換に関する結論部分は事例判断

　この控訴審判決をもって，およそポイント交換において交換元運営会社と交換先運営会社の間で授受される負担金は対価ではない（不課税である）と考えることはできない。

　本件金員が対価に当たらないという判断，本件ポイント交換が無償取引であるという結論は，あくまでも本件の事情の下での判断であり，必ずしもポイント交換に伴う負担金一般，ポイント交換取引一般にそのままあてはまるものではない。

　ポイントサービスの内容は千差万別であり，また，ポイント交換の条件や負担金の定め方も各運営会社間で様々で個別性が強いため，一定のモデルケースを設定することも難しい。本件控訴審判決の判示内容については，個別事情を踏まえた判示と一般化しうる判示とを峻別しなければならないが，それも必ずしも容易ではない[7]。

　少なくとも，判示内容からすると，本件では以下のような事情が（これが

【図表7-5】　控訴審が論じた本件金員の性質

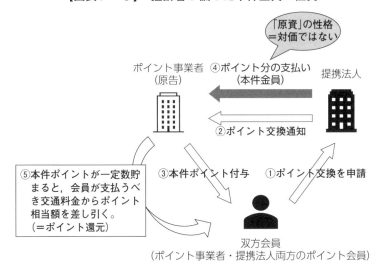

ポイント交換取引において格別の特殊事情かどうかは別として）少なからず結論に影響を与えたものと思われる。

- 交換元運営会社がポイント交換において交換先運営会社に支払う<u>本件金員の額は，ポイント交換により交換先運営会社が双方会員に付与した本件ポイントに係る本件ポイント還元額に等しくなるように定められていた。</u>
- 交換先運営会社から付与されたポイントと，ポイント交換により付与されたポイントとで，<u>ポイント還元に差がない。</u>
- 本件ポイント交換にあたり，<u>交換元運営会社と交換先運営会社との間で本件金員の支払い以外の金銭の授受等は一切なかった。</u>

(ii)　「原資」性の射程も検討が必要

　本件金員が本件ポイント還元の「原資」の性質だと評価されたのも，本件

7　ポイント交換事件控訴審判決は，提携法人が双方会員に付与した提携ポイントが本件ポイントに交換された場合についても，本件ポイント還元に係る経済的負担は当該提携法人側が負わなければならない，という前提に立っているようであるが，これがポイント交換一般にも適用されるのか（一般化はできないとしても，その射程はある程度広いものなのか）は，判示からは明らかではない。

の事実関係を前提とする限りにおいてである。どこまでの事実が本件金員の「原資」性を左右するものだったのかについては，なお検討が必要である。

そもそも「原資」という言葉の定義が判示内容からは明らかではない。控訴審である大阪高裁が消費税法上の対価とならない「原資」というものの性質をどのように考えたのか，また，何をもって「原資」と評価できる要件と考えたのかもはっきりしない。

また，判決文では，「本件金員が……本件ポイント還元に必要な原資の額に見合うものである限り，」という留保があるように読めるが，「見合う」というのが，ポイント還元による経済的負担と同額又はそれに近いという意味なのか，それ以外の場合も含むのかは，議論がありうる点であろう。

さらに，「原資」性を検討する上では，失効ポイント分の取扱いが原資性にどのような影響を与えるのかが問題となる（「Study「ポイントの失効」はポイント負担金の課税関係に影響を与えるか？」参照）。一般に，ポイント交換契約においては，付与した交換先ポイントが失効した場合であっても負担金は返還を要しないこととされているケース（実際の運用上返還していないケース）が少なくないと思われる。控訴審判決では，ポイント交換後の本件ポイントの失効は「本件各提携契約において不正規な事態」として位置付けられるとして，本件金員の「原資」という性格には影響しないとされたが，この部分も事例判断であると考えておくべきであろう。

○　交換先企業（本件における控訴人）がそのポイントの利用に対して提供する財・サービス等（本件における本件ポイント還元）の原資の額に見合う金員のみを交換元企業が支払う限り，当該金員は原資としての性格を有するにすぎず，交換比率の異同により当該ポイント交換に係る取引の無償取引としての性格に異同を来すものではないというべきである。

○　しかし，控訴人が，本件各提携契約に基づき，提携法人に対し，本件ポイントへの交換の意思表示をするなどした双方会員に対して控訴人の企業ポイントプログラムの対象に組み込むことを目的として本件ポイントを付与するという役務を提供する義務を負い，これを履行することにより，提携法人は上記のような販売促進効果が得られるとしても，本件金員がポイント交換により双方会員が組み込まれた控訴人の企業ポイントプログラムによる本件ポ

イント還元に必要な原資の額に見合うものである限り，本件金員は本件ポイント還元の原資としての性格を有するにすぎないのであって，本件ポイント還元を目的とするポイント交換により提携企業が上記のような販売促進効果を得ることをもって，本件金員について本件各提携契約に基づく控訴人の提携法人に対する上記役務の提供に反対給付としての性質を根拠付けることもできず，また，本件各提携契約に基づく提携法人と控訴人との間のポイント交換に係る取引の有償性を根拠付けることもできないというべきである。

○　本件金員のうち失効ポイントに相当する部分については，控訴人から提携法人に対して返還されていないものと認められ，控訴人の収益として計上されていると推認される（甲37）。しかし，そもそも，提携法人と控訴人との間のポイント交換は，……ポイント交換後に本件ポイント還元がされることが前提とされているのであって，本件金員のうち失効ポイントに相当する部分が控訴人から提携法人に対して返還されていないというのであれば，ポイント交換後の本件ポイントの失効は本件各提携契約において不正規な事態として位置付けられ，本件金員の額にも織り込まれていないものと合理的に推認されるから，交換後の本件ポイントの失効が半ば不可避的に生じ，本件金員のうち失効ポイントに相当する部分が控訴人の収益となっているとしても，これをもって本件金員の本件ポイント還元に係る原資としての性格が左右されるものではないというべきである。（下線筆者）

Study　　　　　　　**国税不服審判所の判断**

　第一審が本件ポイント（交換先ポイント）の付与によって双方会員をポイントサービスの対象に組み込むことを役務提供と見たのに対し，国税不服審判所は，納税者が行うポイント還元，すなわち後払決済額から割り引くことを役務提供と見て，本件金員がその対価であるとした。

　本件金員は交換先運営会社のポイント還元（図表7－6⑤）のために支払われるものだということからすると，交換先運営会社のポイント還元と本件金員の関係性を検討したくなることも理解できないではない。しかし，本件金員が授受された時点ではポイント還元が生じるかは全く不明である

ため（当該双方会員において500ポイント貯まるのがいつになるか不明であるし，貯まらないままポイントが失効してしまうこともある。），本件金員の授受の時点で発生していない役務提供との関係をもって対価だと結論付けるのは妥当とはいえない。

【図表7－6】 裁決が論じた本件金員とポイント還元との対応関係

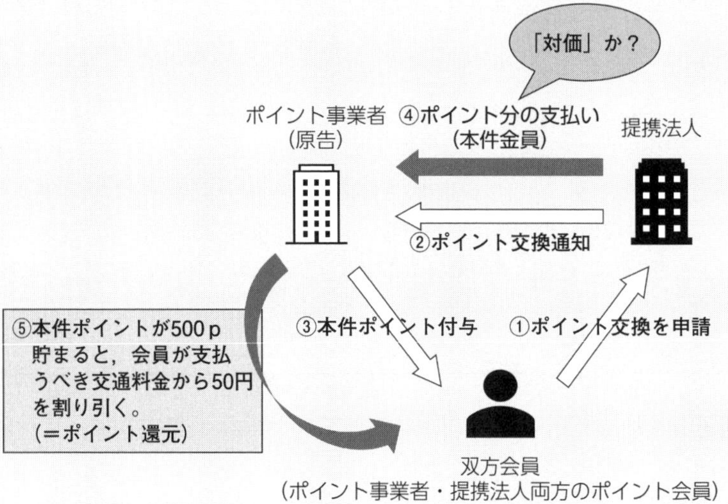

Study　本件控訴審判決に対する評価

田中治教授は，「従前の下級審判決によって採用されてきた条件付対応関係論を採用しなかった点が大きな特徴であり，またこれが評価されるべき点である」とされ，「対価性の有無を判断するには，基本的には，対価の判断基準をあらかじめ明定し，その判断基準に沿って事案の該当性を個別具体的に判断するのが筋であろう。とはいえ，本件控訴審判決は，事実として給付に対する反対給付があるか，という観点から，個別具体的に事

案を検証したものということができる。これは、個別に対価性の存否を検証しようとするもので、実践的で有効な手法の一つということができるように思われる。」とされる[8]。

　また、金子友裕教授は、「条件関係以外の要素を考慮した『対価』の判断は妥当なものと考えるので、大阪高裁判決を支持するが、『原資としての性格』という要素の判断基準が明確ではないように思われる。特に、本判決の射程という点では、失効率の高いポイントの場合にも本件と同様の認定を行うことができるかという点には疑問が残る。」と評する[9]。

　反対に、本件控訴審判決に批判的な立場もある。税理士の杉村博司氏は、「当判決の判断には法令解釈上疑問な点も多く（筆者としては誤った判断であると考えます。）」、「無償でポイント付与を行ったのではなく、提携契約に基づき相当額の金銭を支払っていることからすると、大阪高裁が『無償取引というべきである。』と判断したことには疑義があり、理解し難い点です。」、「各別のポイント制度の運営企業間で行うポイント交換において収受される金員は、通常は課税取引となる」とし、本判決を批判する[10]。

　杉村氏はさらに、「この事件では、ポイント付与を根拠として正に金銭が交付された有償の取引であり、しかしながら、有償の取引ではあるものの、その金銭が、ポイント付与という役務の提供の対価、つまりポイント付与に対する反対給付として支払われた金銭であるかどうかという対価性についての解釈・判断の問題が争点となるものです」と評している[11]。この指摘は、課税か不課税かの判断と、有償取引か無償取引かの判断は必ずしも一致しないという趣旨であろうか。仮に、そうだとすると国税庁の立場とは異なるものである。なぜならば、国税庁は、有償取引が消費税の課

8　田中治「ポイント交換サービスの対価性の有無」TKC税研情報31巻6号（2022）105-106頁。
9　金子友裕「ポイント交換における消費税法上の「対価」の該当要件（大阪高裁R3.9.29判決）」MJS租税判例研究会第101回（2022）21頁。
10　杉村博司『租税争訟からみる消費税の判断ポイント』（税務研究会出版局、2022）45頁、48頁、51頁。なお、同書によると、「この事例は、筆者が大阪国税局の主任国税訟務官として担当した事件」だということである（同42頁）。
11　杉村・前掲注10・48頁。

税対象であり，無償取引は課税対象外であると理解していると思われるからである（消基通5−1−2）。この前提からすると，有償の取引であれば，それはすなわち消費税法上の課税対象取引になるということであって，そこで授受された金銭が「反対給付かどうか」を改めて検討する必要はないはずである。

③　ポイント交換事件を踏まえたポイント負担金の課税関係の検討

ア　ポイント還元の原資と認められれば不課税

以上のように，ポイント交換事件控訴審判決は，ポイント交換におけるポイント負担金は，それが専ら「ポイント還元の原資」としての性質を有するものと認められるのであれば，それはポイント付与という役務の対価ではないと考えているようである。

このような理解に基づくと，当該ポイント負担金が専ら「ポイント還元の原資」としての性質を有すると認められれば，ポイント付与という役務提供の対価ではなく，不課税ということになる。

では，どのような場合にポイント交換におけるポイント負担金がポイント還元の原資であるといえるのか。この点は，共通ポイントサービスで論じたところと同様の議論（第6章Ⅱ4(2)④参照）が妥当すると考えられる。

すなわち，まず前提として，当事者がポイント負担金を対価とすることに合意していないことが必要である。対価は当事者の合意によって形成されるため，当事者が原資相当額を対価（役務の付加価値）に含めて対価の額を形成することは妨げられない。そのため，ポイント負担金が原資というためには，少なくとも当事者が対価としてではなく，原資として収受するものであることを意図しているといえなければならない。

次に，ポイント負担金が客観的に見て「ポイント還元の原資」としての性質を有すると認められなければならない。この点について，まず，ポイント負担金を役務提供の対価と見ないことの合理性が問題となるが，ポイント交換事件控訴審判決がいうように，ポイント交換では，本来，交換元の運営会社は，双

方会員に対して，自社の負担においてポイント還元を行うべき立場にあり，ポイント交換もその還元内容の一つとして位置付けられるものである。そのため，ポイント交換によって新たに交換先運営会社に生じるポイント還元のための経済的負担は，交換元運営会社が負担するというのがそれぞれ同様のポイントサービスを展開する両当事者の公平にかなう。

　他方，ポイント交換には，異なるポイントサービスを展開する運営会社同士が，会員のためにポイントの特典内容を充実させると同時に，双方会員を広く囲い込むというメリットがあるから，交換先の運営会社にとっても，これを無償あるいは廉価で行うことに十分な経済合理性がある取引である。そのため，ポイント交換は，一般的性質として，交換先運営会社が無償あるいは廉価の手数料等でポイント付与という役務を提供しても，何ら不自然な取引ではないということができる。

　加えて，ポイント負担金が客観的に見て「ポイント還元の原資」としての性質を有するというためには，ポイント負担金と交換先運営会社によるポイント還元額が「見合っている」ことが必要である。

　共通ポイントサービスで検討したように，ポイントの付与という役務に起因するにもかかわらず「ポイント還元の原資」として収受される金銭の対価性が否定されるのは，それがポイント付与という労務の価値ではなく，運営会社によって会員に提供されるポイント還元の価値に対応するからである（第6章Ⅱ4(2)③参照）。これをポイント交換について見ると，ポイント交換において交換先運営会社が行う交換先ポイントの付与は，あくまで交換先運営会社でポイント保有数を増加させるという事務作業にすぎず，そのポイントの還元行為自体を交換元運営会社に保証したり提供したりするものではない。したがって，交換先運営会社によるポイントの付与という役務には，ポイント交換によって新たに付与される交換先ポイントの還元に係る価値が含まれていない。そうすると，このように交換先ポイントの付与という交換元運営会社に対する役務に含まれない価値に対応する金銭の収受は，当該役務の反対給付としての性質を有さないことになる。

　このように考えるならば，ポイント負担金が交換先運営会社によるポイント

234

還元額に対応しているといえることがポイント付与という役務の反対給付性を否定する重要な要素となり，両者が「見合っている」ことは両者が対応関係にあることを客観的に示す重要なメルクマールとなる。

イ　原資として「見合っている」とは

この点についても，共通ポイントサービスで論じたところと同様の議論（第6章Ⅱ4(2)⑤参照）が妥当する。すなわち，ポイント負担金がポイント還元額と（原資の額として）見合っているかどうかを判断するためには，双方会員が交換先運営会社におけるポイント還元によって1ポイント当たりいくらの利益の提供を交換先運営会社から受けるか（交換先運営会社がいくらの利益を会員に提供するか）が基準となる。そして，付与1ポイント当たりのポイント負担金が1ポイント当たりの還元額（会員に提供される利益）を上回らない限り，見合っているということになる。

(ア)　ポイントが決済や値引きに使用できる場合

ポイント負担金のレートが1ポイント当たりの交換先運営会社での決済額・値引額を上回っていなければ，両者は見合っているということになる。

ポイントが交換先運営会社と交換先ポイントサービス内の加盟店双方で決済・値引きに使用できる場合も，ポイントの価値はどちらで使用しても同じに設計されるのが通常であるから，当該ポイントの価値（1ポイント当たりの決済額・値引額＝1ポイント当たりの負担金の額）が基準となる。

(イ)　ポイントが景品等との交換に使用できる場合

(i)　ポイントが景品やサービスとの交換に使用できるポイントサービスの場合

景品等が交換先ポイントサービス内の加盟店で提供されると，交換先運営会社が当該加盟店で使用されたポイントに応じて一定の金員（共通ポイントサービスにおけるポイント精算金）を支払うことが一般的である。ポイント還元の原資とは，交換先運営会社がポイント還元を行うために要する費用の元手であるから，ここでは，付与1ポイント当たりの（ポイント交換）負担金の支払レートと，使用1ポイント当たりの精算金レートが見合っているかを検討することになる。前者のレートが後者のレートを上回っていなければ，

両者は見合っているといえる。

(ⅱ)　加盟店ではなく運営会社においてのみ景品等と交換される場合

　ポイント還元により交換先運営会社に生じる当該景品等の価値相当分の損失をポイント還元のコストだと考えれば，運営会社に必要な「ポイント還元を行うために要する費用」とは，会員に給付される景品等の価値とイコールである。そのため，ポイント還元のための原資の額と見合っているかは，景品等の時価から算出される1ポイント当たりの還元額を基準に判断すべきことになる。したがって，ポイント負担金が，1ポイント当たりの還元額が最も高い景品等の1ポイント当たりの還元額を上回っていない限り，ポイント還元の原資として見合っているものと考える。

(ウ)　ポイントが決済・値引きにも景品等との交換にも使用できる場合

　ポイントが交換先運営会社の加盟店で決済・値引き及び景品交換に使用される場合に，使用ポイント数に応じて，運営会社から加盟店へ精算金が支払われる場合は，交換先運営会社の還元コストは当該精算金として具体化するから，当該精算金のレートが基準となる。

　これに対し，ポイントが交換先運営会社での決済・値引き及び景品交換に使用できる場合は，ポイント負担金が，運営会社から加盟店への精算金と交換先運営会社での使用レートのいずれか高い方を上回っていないのであれば，原資として見合っていると解すべきである。

Study　ポイント負担金はポイント付与の対価であるとする見解

　ポイント交換におけるポイント負担金の課税関係については，共通ポイントサービスにおけるポイント負担金とパラレルに，一応本文のように整理すべきと考える。これは，ポイント交換における交換元運営会社と交換先運営会社の関係が，共通ポイントサービスにおける加盟店と運営会社の関係に類似していることを前提とする考え方である。

　しかし，ポイント交換における「ポイント負担金」と共通ポイントサー

ビスの「ポイント負担金」とでは取引状況が本質的に異なると考えること
もできないではない。すなわち，共通ポイントサービスにおける加盟店は，
（加盟店契約により）運営会社の行うポイントサービスの実施のためポイ
ント付与又はポイント使用の機会を提供するなどの義務を負う地位にあり，
加盟店はいわば単一ポイントサービスの一部業務を担う立場である。これ
に対し，ポイント交換を行う交換先・交換元運営会社は，それぞれが独立
したポイントサービスを実施しており，一方が他方のポイントサービスそ
れ自体の一部業務を担うという関係にはなく，ただ，ポイント交換を通じ
て一方が他方のポイント還元の方法としてポイント付与を行うという関係
である[12]。

　そのような独立したポイントサービス事業者間では，一方が他方のポイ
ント還元内容を前提としてその「原資」を提供するということは想定され
ていないといえるかもしれない。そこまではいえなくとも，双方のポイン
ト還元内容まで勘案してポイント交換契約によりポイント負担金額を決定
したとしても，ポイント還元の内容は各運営会社の一存で変更されうるの
であるから，ポイント還元のコストとの対応関係，すなわちポイント還元
の原資であるという関係性が薄れているという側面は否定し難いと思われ
る。そうすると，結局，ポイント負担金は，将来的なポイント還元の際に
生じるであろう交換先運営会社の手間やコストを報償するための金員とい
うことになり，その性質はポイント付与手数料に近づくことになる。

　したがって，ポイント交換におけるポイント負担金の授受は，これを当
事者が交換先運営会社におけるポイント還元の原資の趣旨だと合意してい
たとしても，原則としてポイント付与という役務の「対価」であるという
見解にも一定の説得力があると思われる。

12　したがって，ポイント交換の当事運営会社においてポイント交換契約等が締結される場合，
必ずしも互いのポイントサービスの内容や還元内容については把握していないこともある。な
お，事実上，ポイント交換比率を決定する際に，互いのポイントサービスの内容が参考される
であろうが，一方は他方のポイントサービスの内容の決定・変更などに対しては，何らの権限
も持たないのが通常である。

《参考》 ポイントサービスの消費税のまとめ

付与・使用	当事者	内容・場面		課否
自社完結型ポイントサービス（ポイント付与時）	運営会社・会員	役務の提供としての付与	商品等の購入の特典として無償で付与する場合	不課税
			アンケートへの回答等を条件として付与する場合	不課税
			他のサービス等への申込みに伴って付与する場合	不課税
			他社ポイントとのポイント交換によって付与する場合	不課税
			金銭や電子マネー等との交換で付与する場合	①決済型…**不課税** ②対価形成型・対価値引型…**課税** （対価を得て行うポイント付与等の役務又は権利設定）
		経済的利益の給付としての付与	取引の対価としてポイントを付与する場合	**課税**（ポイントという対価を得て行う資産の譲渡等）
			アンケートへの回答等に対して付与する場合	不課税
			他のサービス等への申込みに対して付与する場合	不課税
自社完結型ポイントサービス（ポイント使用時）	運営会社・会員	景品等との交換	ポイントの使用によって景品等の給付を受けるもの	不課税
		購入代金への使用	対価形成型（ポイント使用後の金額を対価の額とするもの）	ポイント使用後の金額を対価の額とする**課税**取引（代金全額にポイントが使用された場合は無償取引として**不課税**）
			対価値引型（ポイントの使用によって購入代金を値引きするもの）	①ポイント使用前の金額を対価の額とする**課税**取引＋消法38条１項の値引処理 ②対価形成型に同じ
			決済型（購入代金の精算方法とするもの）	ポイント使用前の金額を対価の額とする**課税**取引（ポイントの使用は課税関係に影響を与えない）
共通ポイントサービス（ポイント付与時）	運営会社・会員	役務の提供としての付与	ポイントの付与	**不課税**（※自社完結型に同じ）
	運営会社・加盟店	ポイント付与手数料・システム利用料等	ポイント付与事務やシステム利用等の代償	**課税**（ポイント付与事務やシステム利用の対価）
		ポイント負担金	ポイント還元の原資以外の性格を含む場合	**課税**（ポイント付与等の役務の対価）
			専らポイント還元の原資としての性格を有する場合	不課税
共通ポイントサービス（ポイント使用時）	運営会社／加盟店・会員	景品等との交換	ポイントの使用によって景品等の給付を受けるもの	不課税
		購入代金への使用	対価形成型（ポイント使用後の金額を対価の額とするもの）	ポイント使用後の金額を対価の額とする**課税**取引（代金全額にポイントが使用された場合は無償取引として**不課税**）
			対価値引型（ポイントの使用によって購入代金を値引きするもの）	①ポイント使用前の金額を対価の額とする**課税**取引＋消法38条１項の値引処理 ②対価形成型に同じ
			決済型（購入代金の精算方法とするもの）	ポイント使用前の金額を対価の額とする**課税**取引（ポイントの使用は課税関係に影響を与えない）
	運営会社・加盟店	ポイント精算金	景品交換の場合	**課税**（景品交換というポイント還元事務（景品給付）の対価）
			対価形成型の場合	**課税**（値下販売というポイント還元事務（値下げによって受ける利益）の対価）
			対価値引型の場合	**課税**（値引販売というポイント還元事務（値引きによって受ける利益）の対価）
			決済型の場合	**不課税**（会員の代金債務の代位弁済金）

《続》ポイントサービスの消費税のまとめ

付与・使用	当事者	内容・場面		課否
ポイント使用時	交換元運営会社・双方会員	交換元ポイントをポイント交換に使用		**不課税** （前頁「ポイント使用時」→「景品等との交換」と同じ）
ポイント付与時	交換元運営会社・交換先運営会社	ポイント付与手数料・システム利用料等	ポイント付与事務やシステム利用等の代償	**課税** （前頁「ポイント付与時」→「ポイント付与手数料・システム利用料等」と同じ）
		ポイント負担金	交換先ポイント還元を行うための「原資」の性質である場合	**不課税**
			交換先ポイント還元を行うための「原資」の性質でない場合	**課税**
	交換先運営会社・双方会員	交換先ポイントの付与		**不課税** （前頁「ポイント付与時」→「役務の提供としての付与」と同じ）

（注）　ポイント交換事件控訴審判決を前提とした整理である。
　　　　ポイント交換におけるポイント負担金は，交換先ポイント付与の対価であるとする見解もありうる。

【著者紹介】

真鍋　亮平（まなべ　りょうへい）

弁護士・税理士
2007年早稲田大学政治経済学部経済学科卒業
2010年香川大学・愛媛大学連合法務研究科修了
2011年弁護士登録
2015年真鍋・日隈法律事務所設立
2020年税理士登録

日隈　将人（ひぐま　まさと）

弁護士
2007年慶應義塾大学法学部政治学科卒業
2010年立教大学大学院法務研究科修了
2011年弁護士登録
2015年真鍋・日隈法律事務所設立

詳解 ポイントサービスの消費税

2024年7月15日　第1版第1刷発行

著　者	真　鍋　亮　平
	日　隈　将　人
発行者	山　本　　　継
発行所	㈱中　央　経　済　社
発売元	㈱中央経済グループ パ ブ リ ッ シ ン グ

〒101-0051　東京都千代田区神田神保町1-35
電話　03 (3293) 3371(編集代表)
　　　03 (3293) 3381(営業代表)
https://www.chuokeizai.co.jp

© 2024
Printed in Japan

印刷／㈱堀内印刷所
製本／有井上製本所

＊頁の「欠落」や「順序違い」などがありましたらお取り替えいた
しますので発売元までご送付ください。（送料小社負担）
ISBN978-4-502-50321-4　C3034